道濟世兄 正之

劉先雲 贈於台灣

八十七年九月

劉先雲畫冊

第一集

孔德成敬題

六逸齋同仁習畫情形

鍾義均（左一） 劉先雲（左二） 薛光祖（右二） 文啓惠（右一） 中立者為指導老師黃光男先生

劉先雲先生的畫

國立歷史博物館館長　黃光男

四君子畫或六君子畫，是東方美學呈現的象徵之一，也是中國繪畫中，頗具典型的藝術表現，自唐代以來，有關四君子畫，梅蘭竹菊等人格投射的題材，就可從題畫詩，或畫跡上，看到藝術家寄情於此單項素材的表現，其中如陶淵明的愛菊，林如靖擁梅，文同畫竹，鄭思肖寄蘭等等的畫作，均來自遠古中國文學的歌頌這類題材影響，即如詩經，楚辭中的美人，大都指這些人格化的香草潔林，因此，一直被知識份子所喜愛的四君子畫，也成為千年來讀書人或畫家的藝術表現方式。

事實上，這類的畫材，不完全要求繪畫形式的精巧，而是作者人格修養的寄託，正如近代書畫學者黃賓虹先生說，（古人作畫，皆有深意，運思落筆，莫不各有所主），又說：「天真爛漫，脱盡俗氣者，皆從詩文書翰中來，故能絕去筆墨畦經，蕭然物外」。這種想法也成為中國書畫的美學要求，又如石濤早說過的：「縱使筆不筆，墨不墨，畫不畫，自有我在」，強調內容重於形似時，結合詩文以豐富繪畫內涵，以學養超越給畫技巧，借題材抒發心志等等，大體上，中國書畫之美，已塑造了多樣性的藝術表現，既是視覺藝術，也是知覺藝術，當然更是綜合藝術。

基於這些典型的形質之美，它的持續成長，深植在東方人的心中，更成為中國人習畫美感的基本素養，有人也將這種多樣性的藝術表現，名為文人畫或士人畫，換言之，它存在知識份子並接受教育者的階層之中，也可稱之為亮節清風的人格畫。

寫了這些餘話，是因為看到了一位教育界耆老—劉先雲先生，在考試院秘書長退休十餘年來，孜孜於四君子畫的學習，是在中華文化所孕育下的傑出表現者，看過他的畫，清氣撲鼻，逸趣橫生，畫面脫俗，寄情高遠的心性，躍然於眼前，正是前面提到「運思落筆，蕭然物外」的寫照。

由於涵養深厚，其內在的開朗、正義、無私、奉獻等等所引發的美德，投射在畫面的文化張力，是很感人的呈現，因此，看到他畫的蘭花筆墨，幾條勁力通暢，仰俯自在、梅花點染、清新昂揚、鐵骨冰心、黃菊落筆、傲枝猶存、含蕊心遠、叢竹揮灑、稀落有致、高風勁節、荷花潑墨、一塘清趣、瀟灑滿懷、還置禽鳥草蟲於其中，並增添幾許彬彬氣質。

劉先雲先生，功在國家，德被四方，今年已九十高壽，選擇書畫自娛，不僅印證古人的人格畫格的契合，更令人敬仰的是他養生有道，身心健朗，至今仍然是家事國事天下事，無事不關心，並充滿智者的光輝，感染了周遭的親友、部屬、學生，也促發晚輩們的奮鬥力量。

茲將他的畫作，依類整理出二百幅集冊付印之際，猶記四十年前曾記誦其教育廳長名銜的種種，以及他對文化機構與教育的奉獻，而今有幸親炙教澤，又能侍俸畫稿，並能與我的老師薛光祖先生等師長共聚一堂，學習他們的泱泱風範，惠我何其多，實感念不盡。

這本畫集，氣勢順暢、精神燦爛、引古喻今、誠摯可親、開闊畫境、暖暖含光、即此付梓前夕，謹綴數語，並祝壽比南山，畫藝流長。

一朝春風發　芬芳滿人間

前國立歷史博物館館長　何浩天

「愛寫幽蘭已多年，愧無寸進媿前賢，賞心悅目尋常事，但願清香處處傳」，劉先雲先生這些年多少心情胸懷，盡在這首詩意中。

劉先雲先生是我國一位最負盛名的教育家，一位文化建設的開拓者，一位潛移默化，大器晚成的書畫家。

劉先雲先生近在國內書畫界的期待下，選定其歷年畫作二百幅，於今秋出版第一本畫集，這在當今心靈改革的聲浪中，真是一帖具有特效的清涼劑，令人欽服，令人驚喜。

劉先雲先生已逾大耋之年，今歲正是九十初度，而其一生對社會國家之貢獻，何等豐碩，他在抗戰時期，投筆從戎，先為陸軍第九十四軍政治部主任，嗣升長江上游江防總司令部政治部主任，督率江防區各軍師政工人員辦理對日經濟封鎖，擊潰日本軍閥企圖破壞我法幣陰謀，旋轉任戰地縣長暨三民主義青年團湖北支團幹事兼書記，組訓全省青年，投入「一寸河山一寸血，一萬青年十萬軍」行伍，支助鄂西會戰大捷，嗣即當選為第一屆立法委員，不久又調任湖北省政府委員兼秘書長。來台後，初任革命實踐研究院駐院講座兼教務組長，嗣轉接台灣省政府委員兼教育廳長、教育部教育委員兼任社教司長、及國立教育資料館館長、台北院轄市第一任教育局長、又調任教育部常務次長、再接任中華電視台總經理、復奉接長考選部政務次長、後又升任考試院特任秘書長、旋調總統府國策顧問、這一連串長長的歲月，完成了一頁一頁輝煌的歷史使命，有數不盡的奉獻。

劉先雲先生所擔負五十年以上的公務生涯中，在行政領導上，廉明清正，論斷精審，寬宏仁厚，清望彌高，致政績遠播，舉國崇仰，在教育領導上，則是異軍突起，功績累累，如其在省教育廳長任內，執行教育部政策，選擇新竹、高雄兩縣市試辦之國小畢業生免試升學方案，其內容實為延長九年國民義務教育，賡續在台北市首任教育局長任內，亦在一年之內，共新建二十七所國民中學，完成所負九年國民義務教育之任務，為我國教育史上一大突破，先總統蔣公譽為「奇跡」，政府頒發景星勛章，另在社教領導上，於任教育部社教司長及中華電視台總經理時，先後稟承張其昀，黃季陸兩位教育部長暨行政院蔣副院長經國先生指示，創辦教育廣播電台，教育電視廣播電台，此三台均以辦理空中教學為宗旨，曾辦空中商專、師專、行專及大學課程與軍中政治教育，全國青年在各空校畢業者，數逾萬人，尤以全國小學教師原係師範學校出身，皆賴空中師專進修，全部獲得師專資格，提高了我國國民教育師資水準，實為難能可貴，可謂開我國空中教育之先河，而其時在台北市植物園之國立歷史博物館，國立台灣科學教育館，國立教育資料館，國立台灣藝術館，均協助規畫與創建，由創辦而落成，得有今日南海學園的藝術殿堂林立之一番雄偉規模，在國立故宮博物院由台中遷建台北外雙溪，亦為劉氏在社教司長任內與督學鍾健聯合建議所新建，得以顯視中華五千年之偉大文化，始有當今神聖莊嚴之面貌。

劉先雲先生五十多年來，在中國近代史上集行政，教育，文化之大成，轟轟烈烈，有寫不完的事蹟，有寫不完的故事，劉先雲先生在當代的聲望可說是「實至名歸」。

劉先雲先生在七十五歲以後，轉到另外一個空間，邁步踏入書畫藝術世界。

劉先生自敘他平生深愛書法繪畫，在晚年要以水墨自娛，「行有餘力，則以學文」，迄今算來已有十多年時光，都在自家的畫室，以畫寄意渡過書畫歲月。

劉先雲先生所研習書畫，首在擷取歷代大家傳統文化的精華，悉心琢磨、以古為師、繼則沉浸於大自然中、參悟自然、得之靈心，使物我兩忘、天心真合、混然與物同體，以造化為師，再則為其天賦的智慧、超逸的氣質、全心投入於書畫，以心為師、此三者合一、自闢蹊徑、獨創自我風格的門户、諦造有詩有畫，多采多姿，卓然不朽的人生。

中國繪畫的領域無限廣闊，類別浩繁，劉先雲先生鍾愛花卉，他從小就喜花木，到晚年以高卓的稟賦與深厚的學養與內涵，加上性之所悟，就喜愛畫蘭、竹、梅、荷等，在近年興會所至，日夜揮毫，完成作品，已數逾二千幅，幅幅筆墨酣暢，氣韻清遠，由傳統承襲中，盡心揣摩、溶含古今、參差變化、自我發揮，尤其在取景、佈局、構圖上技法熟練、調和統攝、擅用疏密、落筆成章、無論寫意寫實，所作花卉、獨來獨往，都自立面貌，開出一片天地。

劉先雲先生的花卉作品，寫蘭最多，也常讀文徵明的詠蘭詩：「手培蘭蕙兩三栽，日暖風和次第開，坐久不知香在室，推窗時有蝶飛來」，這是多麼開朗的心情，看他的畫蘭，用筆多而不繁復，用筆少而不疏散，左右縱橫交筆，自然舒暢，其枝葉運用，如鳳翩翩、花藝飄逸、似婕飛遷，更是「莖裹纖包葉、花分濃墨心」，「垂枝如帶露、抱蕊含似馨」，他一筆筆隨手寫來，都是神來之作，使得滿紙情趣橫生，顯出水墨交乳的意境，洋溢著無限的自然美，成為四時不謝之蘭。

劉先生也常畫竹，行筆舒暢流利，造景更是鮮活，在竹畫中，蘊含著高雅的氣品，也表達出深度的功力，顯示了自家的性靈，畫竹原是中國歷代水墨畫中的主題，古今的畫家們都肯定中國畫以畫竹最難，無論立竿、劃節、出枝、佈葉、都是難畫的，古代畫竹大家像宋元的文同，李衎、管道昇、吳鎮、柯敬仲，到明清徐渭、石濤、鄭板橋都是赫赫有名的畫竹山斗，都以畢生之力畫竹，達到最高的造詣，給了他畫竹最深刻的啓發，他的畫竹，必是「成竹在胸」，但其胸中之竹，應是對竹的細密觀察與體會，竹的變化最多，從生長中剛發的嫩竹，成熟的老竹，以至天候變化中的晴竹、雨竹、風竹、和在朝陽夕露中皆是動靜不一，姿態萬千。先雲先生說：「畫竹是他生活中最大的慰藉」，縱有百般煩躁，只要立上二三竿，即覺氣息平和，心地舒暢。他的竹畫立竿寫葉，一氣貫串，只見墨色濃淡交互，枝葉參差烘托，章法繁簡疏密，感覺紙上清風吹過如聞其聲，生趣天成，寫出竹的千態萬姿，也寫出劉先生的滿腹情懷。

再看先雲先生平日尋梅，畫梅，一幅一幅都是鐵骨寒枝、歲暮濃情、對時人們詠著：「畢生薄宦最安貧，閒畫梅花保性真，信手寫成千萬樹，唯留清香滿乾坤」的詩句，就是他時時刻刻在懷的心境。他的梅花出筆即以濃墨淡墨並施，老幹新枝伸張自在，格外遒勁諄厚，雅健穩秀，可謂心到神至，筆筆著力，所點朵朵紅梅，機趣天然合乎法度，設色簡雅有情，更是物我吻合，成為傳神之作；而再讀其民國七十七年間，所作多幅紅梅圖，畫面設色靈秀清麗，筆法更見氣韻生動，拙厚穩健，都有古樸的造型，其早期有此功力，何其難得。在先雲先生多年所作的花卉畫中，畫荷又為其一大特色，他的荷畫，幾乎全從寫生為源頭，即是台北市植物園中的大荷塘的荷花，都是他寫荷主題，那裡一年四季的荷都是畫，千枝萬枝的荷，從春光照耀的新荷，嫩荷到夏荷，又到西風吹起的殘荷，和中間變化的風荷、雨荷、朝朝暮暮、一眼看不盡、萬幅畫不完、「一花一世界、一葉一如來」、「不施胭粉不濃裝，水殿風微有暗香」，荷花真是太美了，劉先生愛荷、看荷、畫荷、已是他生活中的必修課，他畫荷筆沉墨飽揮灑自如，枝葉層次顯然，只覺蒼鬱渾厚，色澤絪緼，綴以花朵、花苞、滋潤綺麗、清靈脱俗、婷婷玉立、高雅無比、有神趣、有生機，又是成功之作。

看到劉先雲先生一生修身立品、澹泊明志，以半生公職、半生繪畫，都有極高的成就，他所憑藉的是高尚的道德情操，是堅強的毅力、信心和意志，成為一位我們至表敬愛的長者。

我們更相信，劉先雲先生的繪畫，在他老當益壯的年代裡，會邁入更上一層的領域，朝向創作的頂峰，寫下他永恆壯麗的畫史。

一九九八年三月於台北

劉先雲先生的心境與畫境

前國立台灣藝術教育館館長
現任中國美術協會理事長　張俊傑

前總統府國策顧問兼中央評議委員劉先雲先生，擔任國家要職七十餘年，由地方到中央，自薦派到特任，在軍、政、黨、教、文化、議壇各方面，均有輝煌的事蹟和卓越的貢獻，人所盡知，茲不贅述。自考試院秘書長退休後，除參加政府重要會議與國家慶典外，利用餘暇浸淫書畫藝術，十數年如一日，樂此不疲；今以九十高齡，精壯清明，不減當年，神閒氣靜，悠遊翰墨，不但寄情遣興，更能深入奧理，含道暎物，暢懷寫意，超以象外，得其寰中。我嘗暗想，千年大樹必是本固，萬里長流必屬源深，先雲先生何以能事業嵩壽雙美並兼善書畫，歸其根由在於一心，特就感念所及，略談先生之心境與書境，一則為先生與夫人九十雙壽祝賀，另則為先生第一本畫集忝作淺介，藉表衷心敬佩之忱。

大家都知道，先雲先生是一位閒不住的人，概以大易生生不息之理，抱天地自強不息精神，在緊湊而有意義的生活實踐中，才覺得充實而有意義，先生深諳陽明知行合一的力行哲學，認為人的主宰在心，心之所發為意，意的具現在知，知的價值在行，行的目的在成事，想到知道就要做到，把事做好，才算盡了人生的本份，以人心含天理良知，天理貫通事理，依理事親便能孝，以理愛民便是仁，依理行事便是義，依理為國家社會貢獻心力好好做事便是忠，人人依理行事依理待人，社會自然和諧進步，此一羅輯概念簡明懇切，這大概就是先生事親至孝做事處處成功的道理吧，民國三十九年，先生應聘到革命實踐研究院服務，即建議改草山為陽明山，以符實踐革命救國大業的精神，民國三十七年先生任我國第一屆立法委員內政委員會召集人時說：「凡大政方針之商討，總以黨國利益與民眾福祉為前題，協和眾議，力謀至當」可說是「依理論政」的典範，白如初先生在「家常絮語話當年」文中說：「宋儒周濂溪，謂人皆可以為聖賢，祇需把握此心，靜虛動 直，致公致明，能通能溥，即庶幾焉。明儒王守仁（陽明）分人生為三等，生而知之安而行者應為上品：：：劉君至行，多有契合處，是知生知安行者與，良可貴也」。這正是對先雲先生心境事功很妥切的詮釋。

先生於完成對國家社會多項重大事功之後，隨即開始人生第二春「在家自修，並以書畫自娛」，享受愜意自適的心靈生活。

先生的書法，深得米芾離騷經筆意、結體嚴謹、行筆有力，並得王羲之「筆陣圖」所謂「筋脈相連」之緻，抑揚頓挫、鑑鏘有聲、行止有度、緊中帶鬆、自成一體。先生作書如行事，緊要處堅忍不拔，枝節處得其自然，書藝中所表現的節奏情緻，充滿韻律感，與其勤確謙抑之涵養心境有密切關係。

先生爰書法之用筆而為畫，顯見其畫境與心境更是有關，要之可分兩點：第一，先生於立功立德之餘，以歸心田園的情懷，領略詩情畫意中的美感，第二，習慣性仍以極認真的態度，致力表現文人畫的意境和風采，其作品在形式上喜作四君子及荷花等題材，而其精神內蘊，則以梅的純潔堅忍，蘭的清香幽遠，竹的高節虛心，菊的堅貞傲霜以及荷的出污泥而不染為主，藉這些象徵性的內容，喻志寫心，寄情遣興，頗得梅清、蘭逸、竹真、菊英、荷淨之意象，並能捨繁就簡，遺貌取神，以簡單的形線之美，在實物與抽象之間，融入個人的情感、才氣、思想、涵養與人格，表現高度的境界與情操，畫面中捨棄一切背景，甚至捐棄色相，但以點線縱橫生發，把握空靈超逸的神采，握注畫面的精神性和生命力，如惲南田評畫所說：「意象在六合之表，榮落在四時之外」成為一種永恆之靈的空間和精神生命，閻伯川先生論人生嘗言：「入世以濟眾生，有為等於無為，出世以成其志，無為即是有為」。先雲先生的志行事功，於為政教人，功成不居，退休則醉心書畫，無為而大有為，誠可敬可佩。

目　　錄

圖版目次

圖版

江亭楊柳

七〇×三五公分

民國七十九年

款識

江亭楊柳折還垂
月照深黃幾樹絲
見説隋堤枯已盡
年年行客怪春遲
庚午　先雲

鈐印

先雲

柳樹夾岸

七〇×三五公分

民國七十九年

款識

柳樹誰人種　行行夾岸高

莫將條繫纜　到處有蟬號

民國七十九年深秋

大冶山人　劉先雲於台灣

鈐印

大冶

劉先雲印

日暮鄉關野色奇

七〇×三五公分

民國七十九年

款識

高士藏身此地宜

宜人好景九秋時

時來墨客探幽日

日暮鄉關野色奇

民國七十九年仲秋

大冶山人　劉先雲作

鈐印

大冶

劉先雲印

曲雨風急水橫流

七〇×三五公分

民國七十九年

款識

曲雨風急水橫流
百丈勞牽鬥石尤
自古江湖分逆順
不應回首羨歸舟

庚午夏大冶山人
劉先雲作於台灣　時年八十有一歲

鈐印

大冶
劉先雲印

作清江三兩曲
七〇×三五公分
民國八十年

款識
作清江三兩曲
勝大廈千萬間
若保此中安坐
不必中原遠還
民國八十年春初
大冶山人 劉先雲作

鈐印
劉先雲印

三間茅屋一間亭

七〇×三五公分

民國八十年

款識

峰巒入眼景關情

便欲移家向杳冥

不道有人先占去

三間茅屋一間亭

民國八十年春初

大冶　劉先雲作　時年八十有二歲

鈐印

大冶

劉先雲印

梅花不肯傍春光

四六×七〇公分

款識

韓偓梅花詩云
梅花不肯傍春光
自向深冬有豔陽
可以見出節概
絕非浪漫詩人也
搏九移題斯圖

鈐印

搏九

延年益壽

猗蘭操

四六×七〇公分

民國八十二年

款識

韓昌黎擬猗蘭操云
蘭之猗猗揚揚其香
不採而佩於蘭何傷
今天之旅其曷為然
我行四方以日以年
雪霜貿貿薺麥之茂
子如不傷我不爾覯
薺麥之茂薺麥之有
君子之傷君子之守
癸酉夏山左倪摶九拜題

鈐印

山左倪氏

摶九

棲廬

翠葉貫寒霜
四十五×七十公分
民國八十二年

款識
唐太宗詠菊（竹）詩云
貞條當曲砌
翠葉貫寒霜
拂牖分龍影
臨池待鳳翔
語氣之宏偉
真一代創業主也
癸酉夏
摶九題于介壽館

鈐印
山佐倪氏
摶九
觀自在

憶東籬

四六×七〇公分

款識

傳書報劉尹　何事憶陶家

若為籬邊菊　山中有此花

李端和張尹憶東籬詩

摶九錄之劉公畫中矣

鈐印

山左倪氏

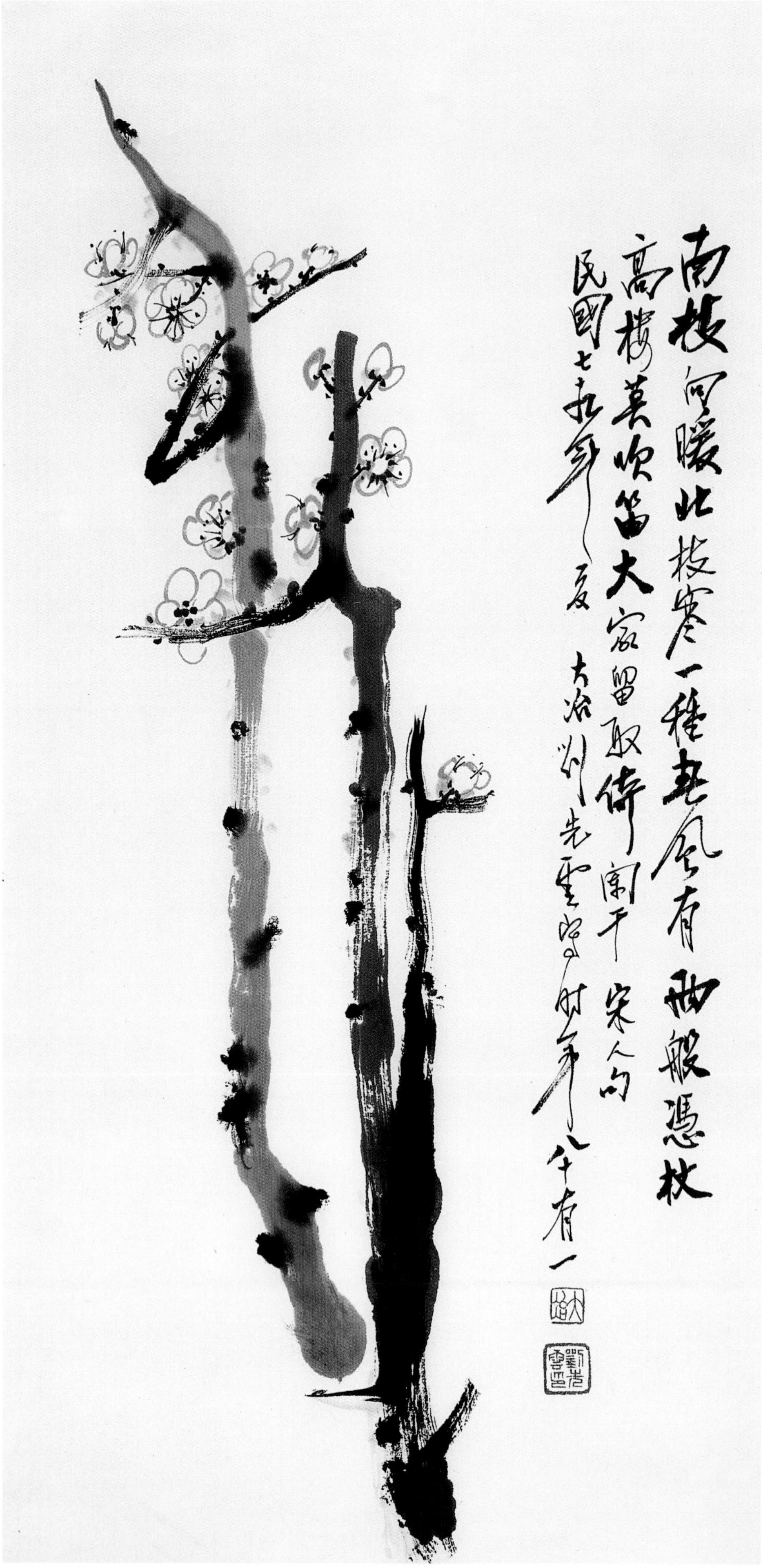

南枝向暖北枝寒

七〇×三五公分

民國七十九年

款識

南枝向暖北枝寒

一種春風有兩般

憑杖高樓莫吹笛

大家留取倚闌干

宋人句

民國七十九年夏

大冶　劉先雲寫　時年八十有一

鈐印

劉先雲印

大冶

寒香冷豔

七〇×三五公分

民國八十年

款識

寒香冷豔綴輕枝
誤認夭桃未放時
盛飾霓裳陪越女
不施脂粉抹胭脂
民國八十年春
大冶　劉先雲寫　時年八十有二

鈐印

大冶
劉先雲印

穠豔有繁枝

六二×八一公分

民國八十一年

款識

聞說寒梅盡　尋芳去已遲
冷香無宿蕊　穠豔有繁枝
正復非同調　何妨讀舊詩
廣平偏嫵媚　鐵石誤心期

朱子句

民國八十一年夏初
大冶　劉先雲寫
時年八十有三歲

鈐印

劉先雲
八十歲後作

明朝紅蕚綴出枝

七〇×三五公分

民國八十一年

款識

與梅歲歲有幽期　忘卻如今兩鬢絲
乘淡月時和雪看　斸蒼苔地帶花移
先春瘦損應多恨　靜夜香來更一奇
醉倒欄邊君勿笑　明朝紅蕚綴空枝
陸放翁句　民國八十年秋
大冶　劉先雲撫於台灣　時年八十有二

鈐印

大冶

劉先雲印

獨俏一枝春

六一×六一公分
民國八十二年

款識
氣結殷周雪　天成鐵石身
萬花皆寂寞　獨俏一枝春
民國八十二年冬
大冶　劉先雲寫於台灣
時年八十有四歲

鈐印
大冶
劉先雲印
先雲八十以後作

清香滿乾坤

六一×八一公分
民國八十二年

款識
畢生薄宦最安貧
閑畫梅花保性真
信手寫成千萬樹
唯留清香滿乾坤
民國八十二年冬
大冶 劉先雲寫於台灣
時年八十有四

鈐印
大冶劉氏
先雲八十以後作

不逐春芳菲

六二×四一公分

民國八十三年

款識

不逐春芳菲　不為寒易節

誰與臭味同　空山盟古雪

潘天壽句

民國八十三年春

大治　劉先雲寫於台灣

時年八十有五

鈐印

大冶

劉先雲印

節堅花香

六九×四六公分

民國八十三年

款識

風愈強　節益堅

雪愈虐　花愈香

民國八十三年春

大冶　劉先雲寫

時年八十有五

鈐印

大冶

劉先雲印

一枝分作兩枝妍

三五×六八公分

民國八十六年

款識

數花黯淡帶寒煙

漏洩春光矮屋邊

會被清池寫疏影

一枝分作兩枝妍

民國八十六年春

大冶　劉先雲寫於台灣

時年八十有八

鈐印

大冶

劉先雲印

吉祥

幾人曾識離騷面

六一×六一公分

民國七十八年

款識

幾人曾識離騷面
說與蘭花枉自開
卻是樵夫生鼻孔
擔頭帶得入城來
方岳句
民國七十八年正月
大冶 劉先雲寫
時年屆八十

鈐印

大冶

劉先雲印

幽蘭待歸

七〇×三五公分
民國七十九年

款識
多播幽蘭種　待時歸故鄉
一朝春風發　處處有清香
庚午年盛夏　大冶　劉先雲寫於台灣

鈐印
大冶
劉先雲印

蘭惟國香

三五×六九公分

民國七十九年

款識

蘭惟國香　生彼幽荒

貞正內積　芬華外揚

和氣所資　不擇地而長

精英自得　不因人而芳

庚午年春三月　大冶龍角山人

劉先雲寫於台灣之六逸齋

鈐印

大冶

劉先雲印

劉青藜堂

國香

三五×七〇公分
民國七十九年

款識

士之才德蓋一國 則曰國士
女之色蓋一國 則曰國色
蘭之香蓋一國 則曰國香
自古人知貴蘭 不待楚之逐臣
而後貴之也 蘭甚似乎君子
生於深山叢薄之中
不為無人而不芳 雪霜凌厲而見殺
來歲不改其性也 是所謂遯世無悶
不見是而無悶者也 蘭雖含香體潔
平居與蕭艾不殊 清風過之 其香藹然
在室滿室 在堂滿堂 是所謂
含章以時發者也
民國七十九年夏
臨板橋之作 似不能望其向背
大冶 劉先雲寫於台灣時年八十有一

鈐印
大冶
劉先雲印

天姿絕代
七〇×三五公分
民國七十九年

款識
矮叢長葉翠紛紛
一種幽香不忍聞
自是天姿堪(豔)絕代
亂頭粗服亦銷魂
多一豔字
庚午年春　大冶　劉先雲寫

鈐印
大冶
劉先雲印

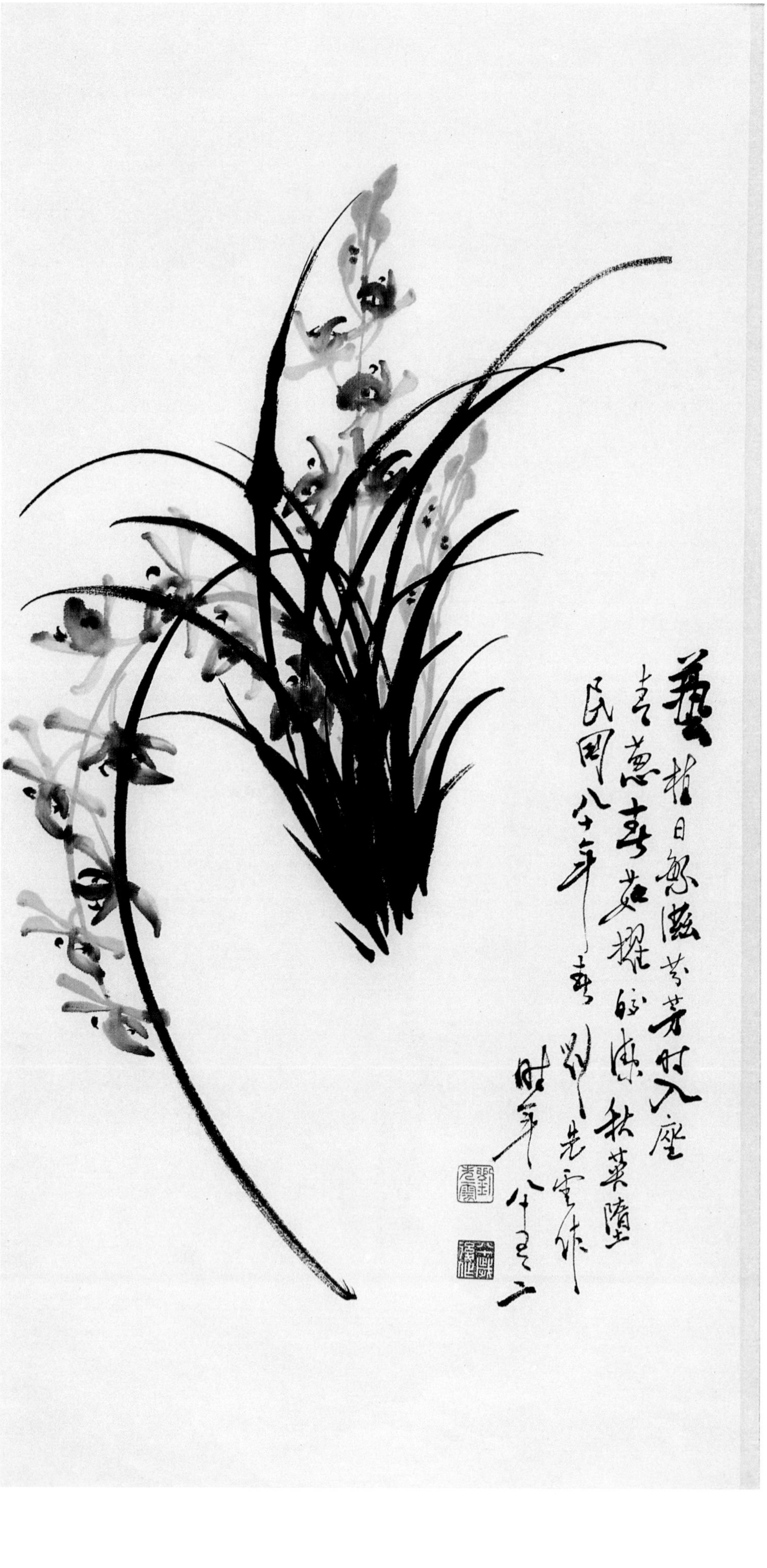

青蔥春茹擢

七〇×三五公分

民國八十年

款識

藝植日繁滋　芬芳時入座

青蔥春茹擢　皎潔秋英墮

民國八十年春　劉先雲作

時年八十有二

鈐印

劉先雲

八十歲後作

無人亦自芳

三五×六九公分

民國八十年

款識

能白更兼黃　無人亦自芳

寸心原不大　容得許多香

民國八十年春初　劉先雲寫

鈐印

先雲八十以後作

大冶

劉先雲印

何日歸湘濱

七〇×三五公分
民國八十年

款識
明月不留人　紅顏自衰老
何日歸湘濱　與君還舊好
民國八十年暮春　劉先雲作

鈐印
大冶
劉先雲印
延年益壽

重巖花發
六九×三五公分
民國八十年

款識
深谷暖雲飛　重巖花發時
非因採樵者　那得外人知
辛未年春　大冶　劉先雲寫

鈐印
大冶
劉先雲印
先雲七十五歲後作

多播幽蘭種

三五×六九公分

民國八十一年

款識

多播幽蘭種　待時歸故鄉
一朝春風發　處處有清香
余於民國七十五年
自考試院退職後　閑居無事
與友好數人習畫　余獨愛寫蘭
但瞬經數年　愧無成就
古人說　半世寫蘭　一世寫竹者
信不我欺也
民國八十一年夏大冶山人　劉先雲寫於
台灣六逸齋之晨

鈐印
大冶
劉先雲印
信手拈來

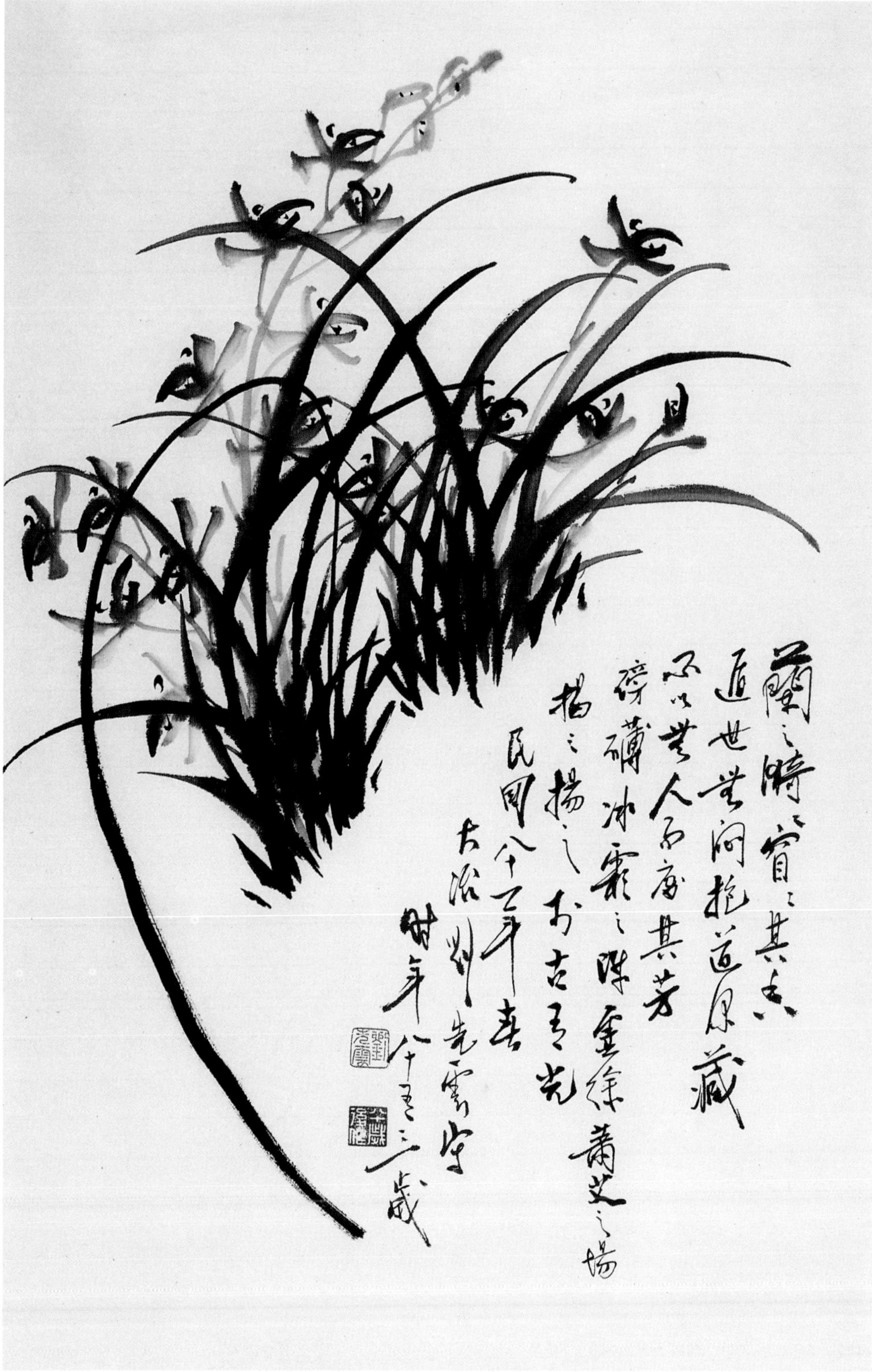

蘭之漪漪

六二×四〇公分

民國八十一年

款識

蘭之漪漪　窅窅其香　遁世無悶

抱道深藏　不以無人而廢其芳

磅礴冰霜之際　虛徐蕭艾之場

揭之揚之　於古有光

民國八十一年春　大冶　劉先雲寫

時年八十有三歲

鈐印

劉先雲

八十歲後作

居高能下

四九×六一公分

民國八十一年

款識

居高貴能下　值險在自持

此石或可轉　此根終不移

民國八十一年春　大冶　劉先雲寫

時年八十有三

鈐印

大冶

劉先雲印

自有幽香似德人

三五×六八公分

民國八十一年

款識

百草千花日夜新
此君竹下始知春
雖無豔香如嬌女
自有幽香似德人
壬申年秋
劉先雲寫

鈐印

大冶

劉先雲印

猗猗秋蘭色
六一×八六公分
民國八十一年

款識
猗猗秋蘭色　布葉何蒽青
愛此王者香　著花秀中庭
幽芬散緗帙　靜影依疏欞
豈必九畹多　侈彼離騷經
民國八十一年暮春　大冶　劉先雲寫

鈐印
劉先雲印
大冶

幾時蘭種幾時生

七〇×四六公分

民國八十一年

款識

硯作良田筆作耕

幾時蘭種幾時生

千枝萬朵隨心發

不待天工造化成

民國八十一年冬

大冶山人　劉先雲寫

鈐印

大冶

劉先雲印

先雲八十以後作

處處有清香

一三六×三五公分

民國八十一年

款識

多播幽蘭種　待時歸故鄉

一朝春風發　處處有清香

民國八十一年夏初　大冶　劉先雲寫

時年八十有三

鈐印

大冶

劉先雲印

崇蘭生澗底

六〇×三五公分
民國八十一年

款識

崇蘭生澗底　香氣滿幽林
采采欲為贈　何人是同心
日暮徒盈把　徘徊憂思深
慨然紉雜佩　重奏丘中琴
賀蘭進明古意　民國八十一年夏初
大冶山人　劉先雲寫　時年八十有三

鈐印

劉先雲
八十歲後作

楚畹叢中別有春

六〇×四二公分

民國八十一年

款識

微風巾袂細氤氳

楚畹叢中別有春

啜茗亦嫌風景殺

明朝載酒是何人

民國八十一年春

大冶 劉先雲寫於台灣

鈐印

劉先雲

八十歲後作

攀崖採異芬

七〇×三五公分

民國八十一年

款識

山徑行徐合　溪聲到處聞

竹深陰戛日　木古勢干雲

倚檻聽啼鳥　攀崖採異芬

韶華春已半　萬物各欣欣

壬申年夏　劉先雲寫

鈐印

大冶

劉先雲印

枝枝柔玉紉香雲

六二×四一公分

民國八十一年

款識

玉戟稜稜應節分

枝枝柔玉紉香雲

凝妝擬待三更月

露染生綃六幅裙

民國八十一年春　大治　劉先雲寫於台灣

鈐印

劉先雲

八十歲後作

信手拈來

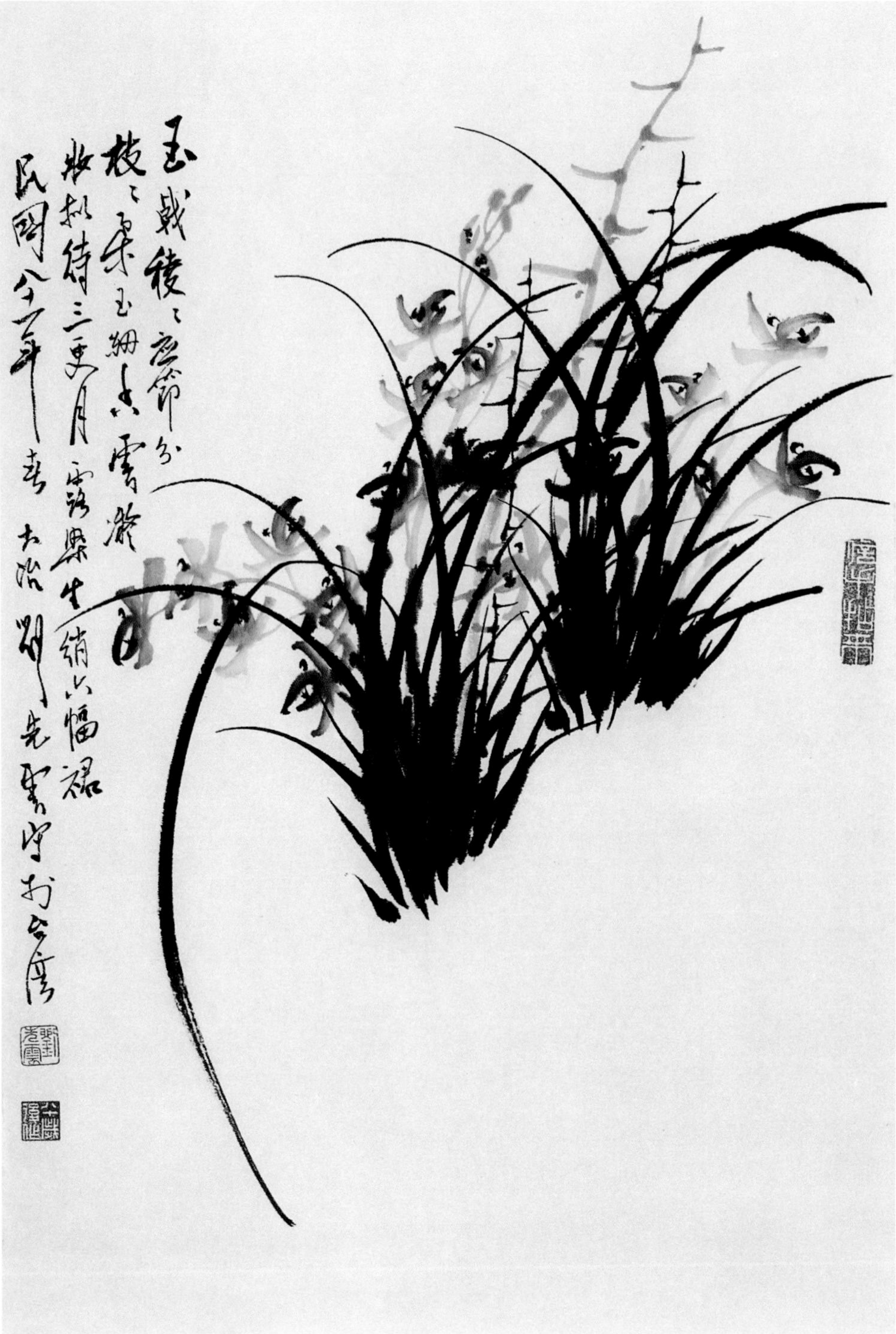

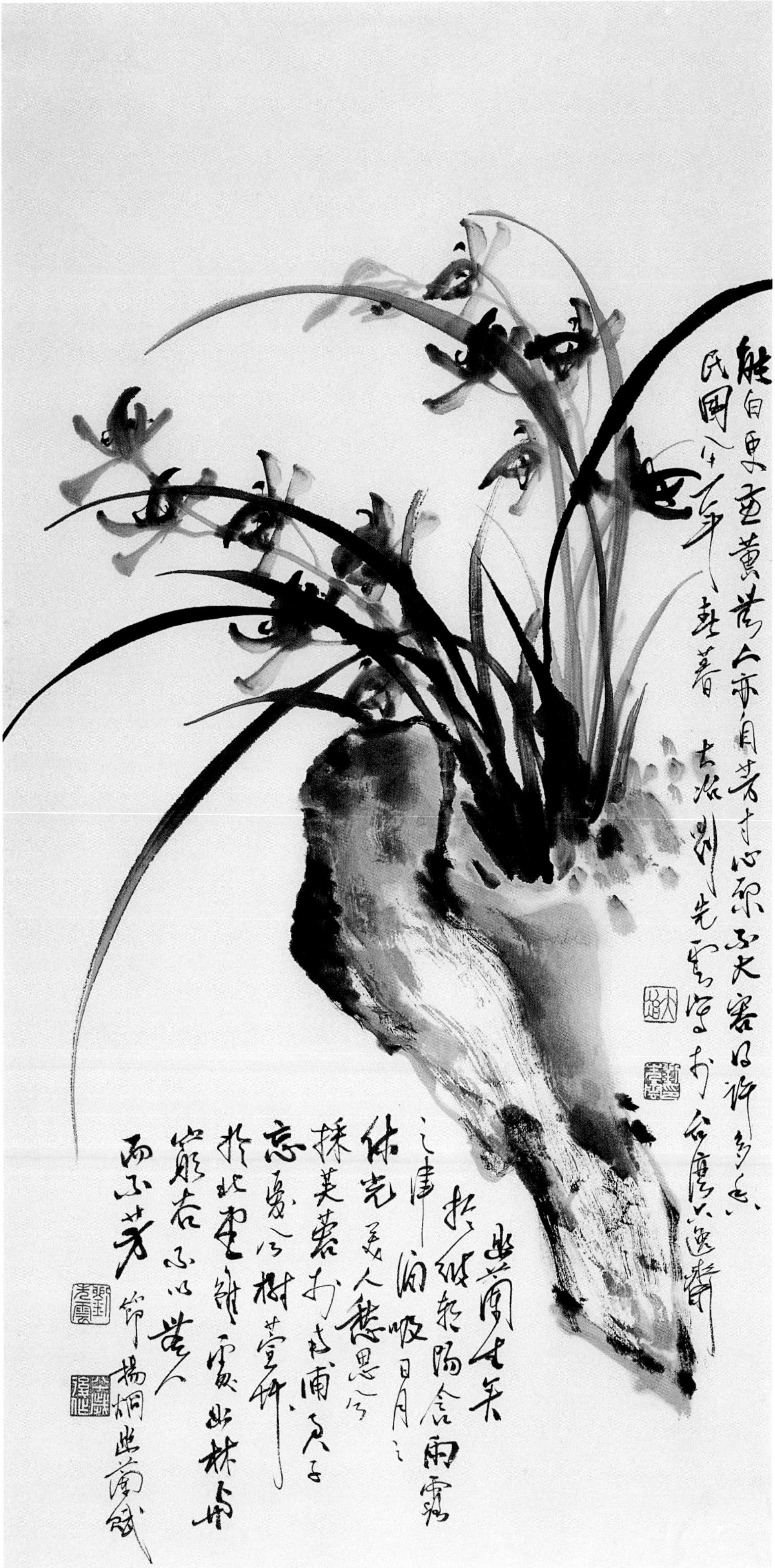

幽蘭生矣

六九×三五公分

民國八十一年

款識

能白更兼黃　無人亦自芳　寸心原不大　容得許多香

民國八十一年春暮　大冶劉先雲寫於　台灣六逸齋

幽蘭生矣　於彼朝陽　含雨露之津潤　吸日月之休光

美人愁思兮　採芙蓉與南浦　君子忘憂兮　樹萱草於北堂

雖處幽林與窮谷　不以無人而不芳

節楊炯幽蘭賦

鈐印

大冶

劉先雲印

劉先雲

八十歲後作

幽亭蕙草

七〇×三五公分
民國八十二年

款識
尋常詩思巧如春
又喜幽亭蕙草新
本是馨香比君子
遶欄今更為何人
民國八十二年春月
大冶　劉先雲作

鈐印
劉先雲
八十歲後作

谷深不見蘭生處
六一×八五公分
民國八十二年

款識
谷深不見蘭生處
追逐微風偶得之
解脫清香本無染
更因一嗅識真如
民國八十二年春
大冶 劉先雲寫於台灣
時年八十有四

鈐印
大冶劉氏
先雲八十以後作

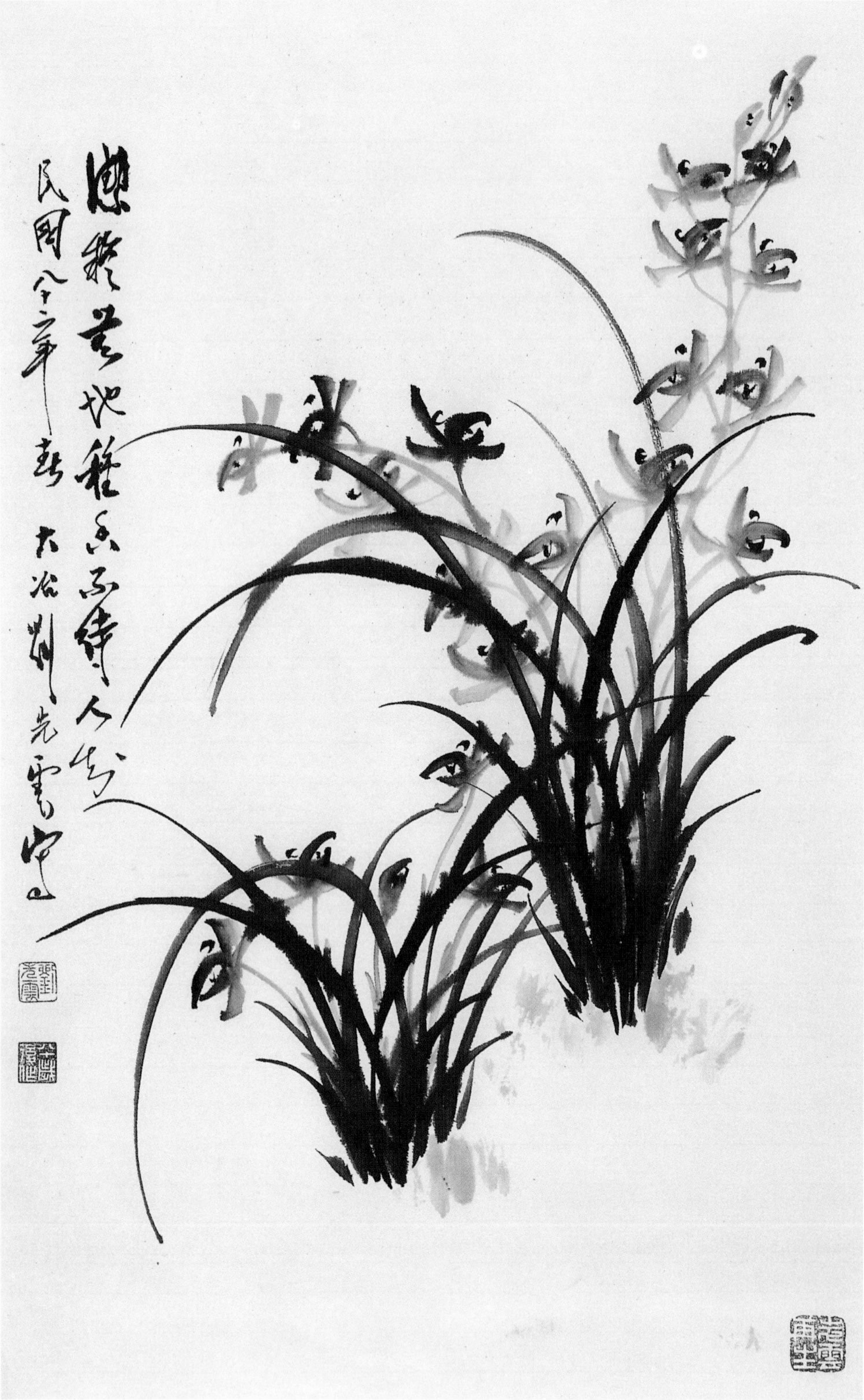

香不待人知

六二×四〇公分

民國八十二年

款識

潔疑無地種　香不待人知

民國八十二年春　大冶　劉先雲寫

鈐印

劉先雲

八十歲後作

先雲再生

言採折以贈貽兮

三五×六九公分

民國八十二年

款識

言採折以贈貽兮

非君子其誰托

民國八十二年仲春

大冶　劉先雲寫

鈐印

劉先雲

八十歲後作

重岩花發時

六九×三五公分

民國八十二年

款識

深谷暖雲飛　重岩花發時

非因採樵者　那得外人知

民國八十二年春　劉先雲寫

鈐印

大冶

劉先雲印

新春試筆
六二×四〇公分
民國八十二年

款識
新春試筆寫此
不足登大雅之堂也
民國八十二年春　大治
劉先雲作　時年八十有四

鈐印
劉先雲
八十歲後作

深林不語抱幽貞

六一×六一公分

民國八十二年

款識

深林不語抱幽貞
賴有微風遞遠馨
開處何妨依蘚砌
折來未肯戀金瓶
孤高可挹供詩卷
素淡堪移入臥屏
莫笑門無佳子弟
數枝濯濯映荄庭
民國八十二年春　大冶　劉先雲寫

鈐印

劉先雲
八十歲後作

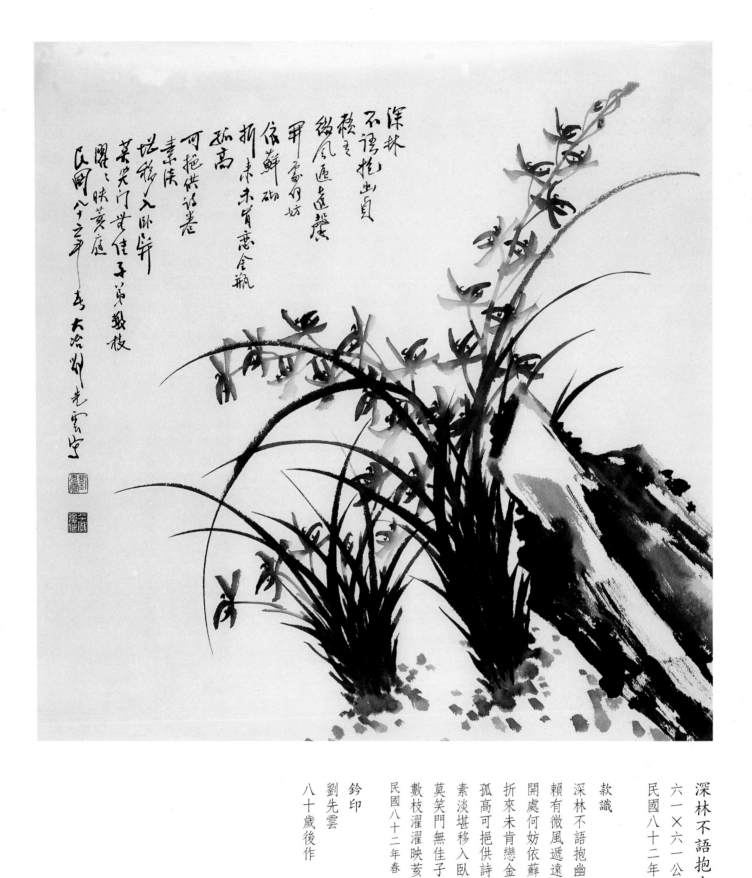

不以無人而不芳

四〇×一四一公分

民國八十二年

款識

幽蘭生矣 於彼朝陽
含雨露之津潤 吸日月之休光
美人愁思兮 採芙蓉於南浦
公子忘憂兮 樹萱草於北堂
雖處幽林於窮谷
不以無人而不芳
節楊炯幽蘭賦
民國八十二年春 大冶 劉先雲寫
時年八十有四

鈐印

大冶
劉先雲印

芳意滿沖襟
七〇×三五公分
民國八十三年

款識
秋蘭遞初馥　芳意滿沖襟
想子空齋裏　淒涼楚客心
夕風生遠思　晨露洒中林
頗意孤根在　幽期得重尋
民國八十三年春初　劉先雲寫

鈐印
大冶
劉先雲印

天街色如故

六一×八五公分

民國八十三年

款識

不是車中人　天街色如故

忽復邁幽蘭　得其清靜趣

時人句

民國八十三年春　劉先雲寫

鈐印

劉先雲

八十歲後作

幽棲在空谷
四七×六九公分
民國八十三年

款識
幽棲在空谷
自賞本孤芳
妙手難描繪
天然王者香
民國八十三年春
劉先雲寫於台灣六逸齋
時年八十有五也

鈐印
劉先雲
八十歲後作

春來騷意滿江干

三五×七〇公分

民國八十三年

款識

春來騷意滿江干
轉蕙光風更泛蘭
睡起老禪閑一笑
月明香雪竹窗寒
民國八十三年春　大冶　劉先雲寫

鈐印

大冶

劉先雲印

春蘭未了夏蘭開
四七×六九公分
民國八十四年

款識
春蘭未了夏蘭開
畫裏分明喚阿獃
閱盡榮枯是盆盎
幾回拔去幾回栽
民國八十四年仲春
大冶　劉先雲寫於台灣
時年八十有六

鈐印
劉先雲印
大冶

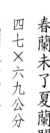

空谷一枝秀

三〇×三〇公分

民國八十四年

款識

空谷一枝秀　幽香遠更清

民國八十四年春

先雲寫於台灣之晨

鈐印

劉先雲

游於藝

幽蘭既叢茂

六一×六一公分
民國八十四年

款識
幽蘭既叢茂　荊棘仍不除
素心自芳潔　怡然與之俱
民國八十四年秋　大冶　劉先雲寫於台灣
時年八十有七

鈐印
劉先雲印
大冶

不求美人折

三〇×三〇公分

民國八十四年

款識

托根層巖下　素心自高潔

但供逸士賞　不求美人折

民國八十四年春初

劉先雲作

鈐印

劉先雲

游於藝

幽蘭出空谷
清供富貴家
溢香透珠簾
伴主賞晚霞
民國八十四年春 劉先雲寫

幽蘭出空谷

三〇×三〇公分

民國八十四年

款識

幽蘭出空谷　清供富貴家

溢香透珠簾　伴主賞晚霞

民國八十四年春　劉先雲寫

鈐印

劉先雲

游於藝

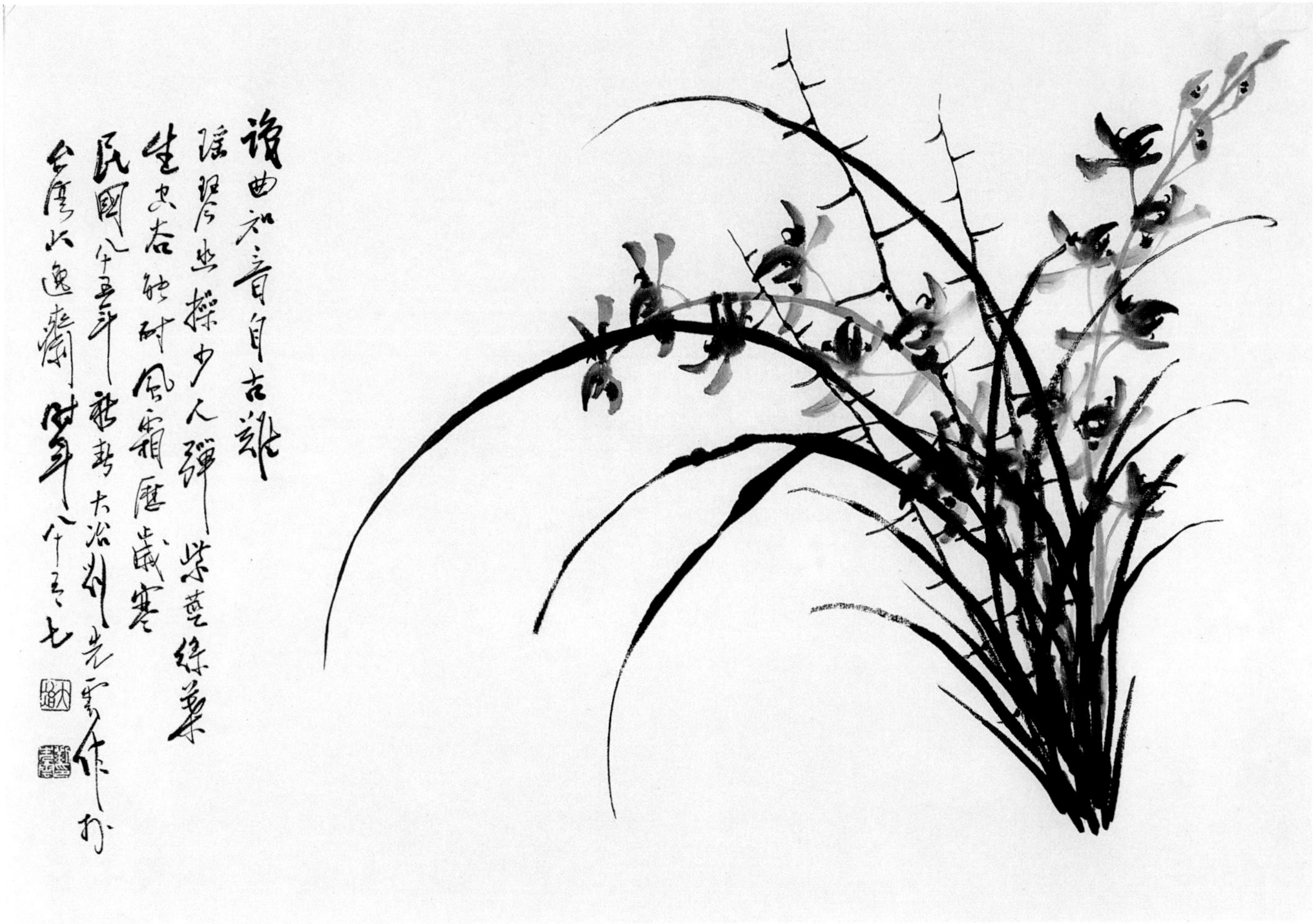

識曲知音自古難

四六×七〇公分

民國八十五年

款識

識曲知音自古難　瑤琴幽操少人彈

紫莖綠葉生空谷　能耐風霜歷歲寒

民國八十五年新春　大冶　劉先雲作

於台灣六逸齋　時年八十有七

鈐印

大冶

劉先雲印

紫莖綠葉生空谷

一三六×三五公分

款識

識曲知音自古難
瑤琴幽操少人彈
紫莖綠葉生空谷
能耐風霜歷歲寒
先雲寫於台灣

鈐印

大冶
劉先雲印

素心自芳潔

一三六×三五公分

民國八十五年

款識

幽蘭既叢茂　荊棘仍不除

素心自芳潔　怡然與之俱

民國八十五年春初　大冶　劉先雲寫

時年八十有七於台灣

鈐印

龍噓

劉先雲

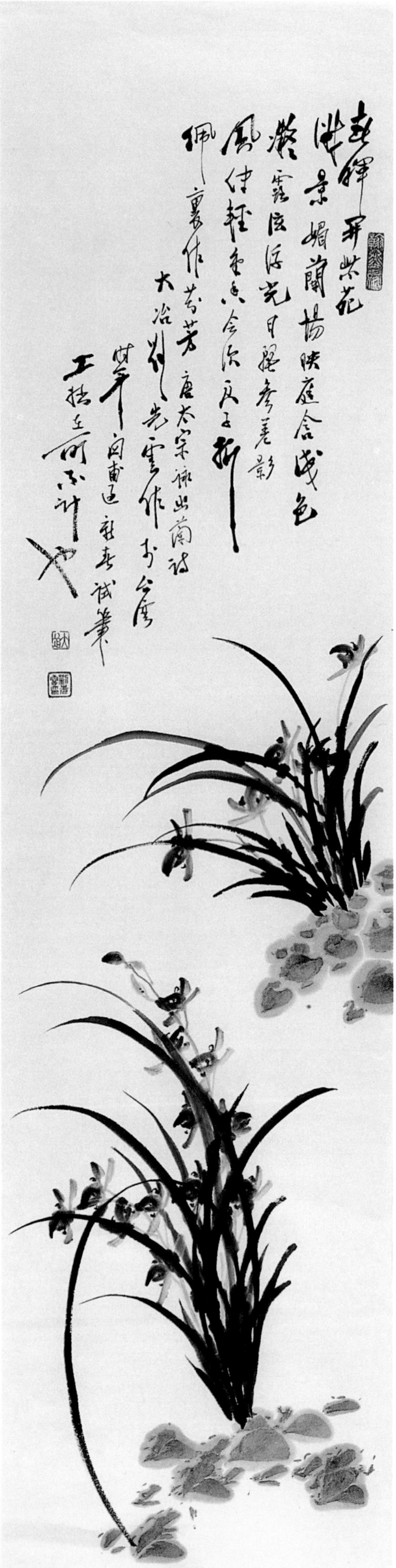

春暉開紫苑

一三六×三五公分

款識

春暉開紫苑　淑景媚蘭場
映庭含淺色　凝露泫浮光
日麗參差影　風傳輕重香
會須君子折　佩裏作芬芳

唐太宗詠幽蘭詩
大冶劉先雲作於台灣　時年關甫過
新春試筆　工拙在所不計也

鈐印
大冶
劉先雲印

芝蘭花自香

一三六×三五公分

款識

大谷空無人　芝蘭花自香

先雲作

鈐印

劉先雲

八十歲後作

絕代幽香
四七×六九公分
民國八十五年

款識
絕代幽香壓叢芳　肯隨紅紫媚春陽
繞他綺石黃磁斗　不及空山自在香
民國八十五年仲春
大冶　劉先雲寫於台灣

鈐印
劉先雲印
大冶

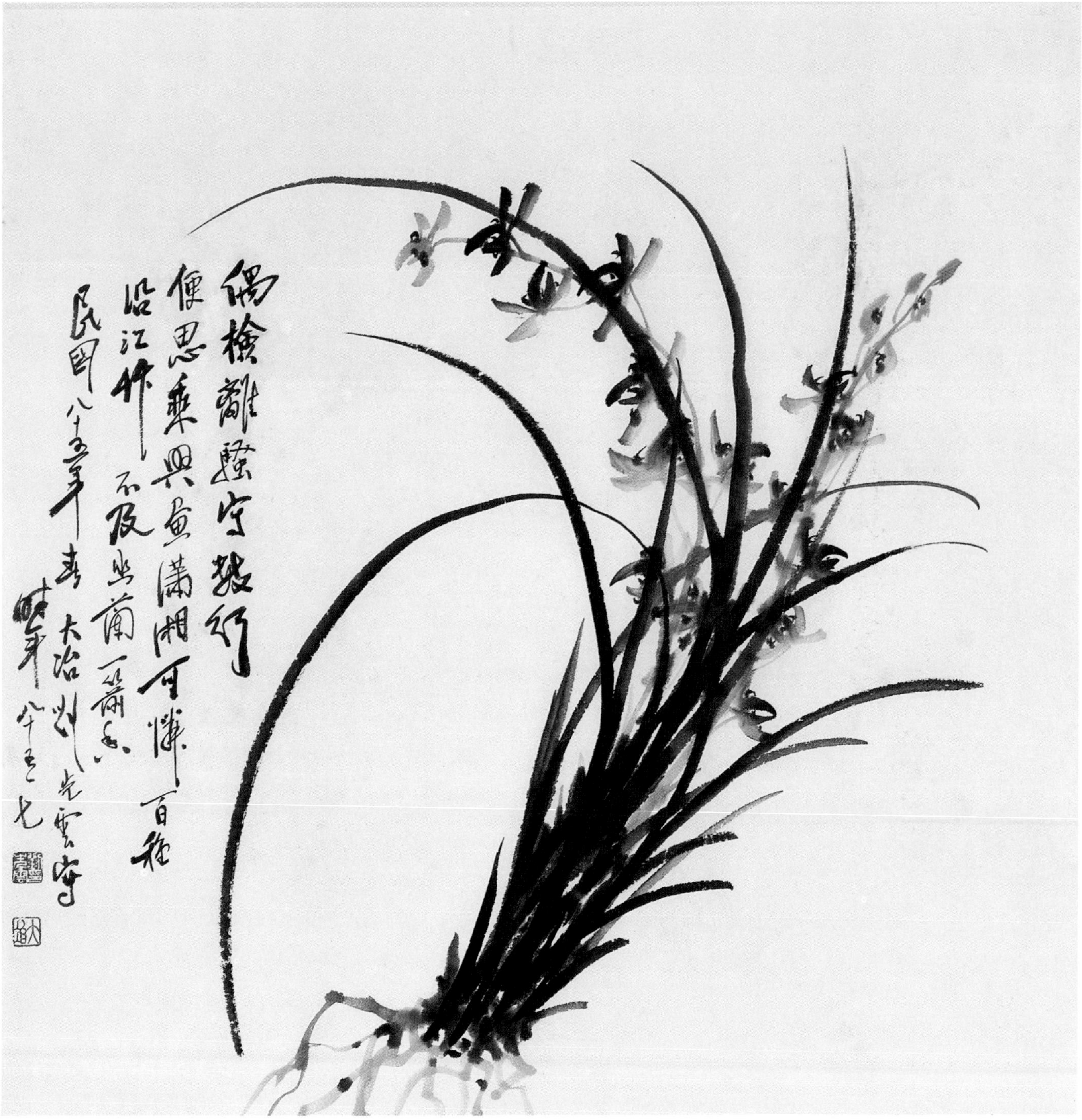

幽蘭一箭香
六一×六一公分
民國八十五年

款識
偶檢離騷寫數行
便思乘興畫瀟湘
可憐百種沿江草
不及幽蘭一箭香
民國八十五年春　大冶　劉先雲寫
時年八十有七

鈐印
劉先雲
大冶

但願清香處處傳

六一×六一公分

民國八十五年

款識

愛寫幽蘭已十年
愧無寸進媿前賢
賞心悅目尋常事
但願清香處處傳
民國八十五年春　大冶　劉先雲寫
時年八十有七

鈐印

大冶
劉先雲印

千載感騷魂

七〇×九九公分

民國八十五年

款識

未入國畫選　徒負國香名

遺神取貌　奚辨野草與蘭英

為問蘭台雲雨　爭似蘭亭詩賦

千載感騷魂　燕姑久無作

誰與結同心　君須記山與水

是清音　風流自著

富貴於我若浮雲　但有餘音不滅

一任清風吹散　細細滿泉林

收拾淒涼意　邀月且長吟　胡一貫卜詞

民國八十五年秋

大冶　劉先雲寫於台灣

鈐印

大冶

劉先雲印

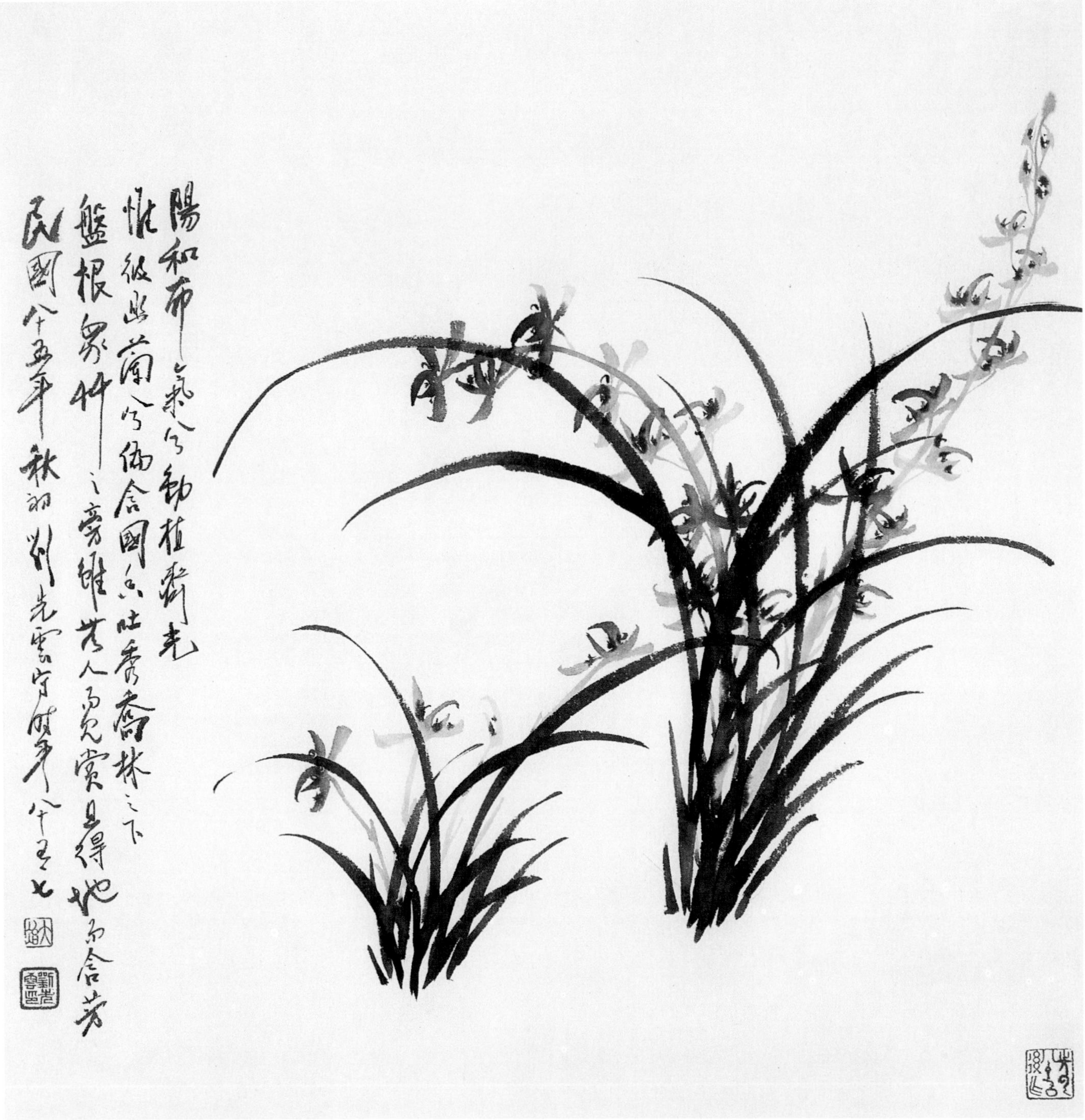

國香吐秀

六一×六〇 公分

民國八十五年

款識

陽和布氣兮　動植齊光

惟彼幽蘭兮　偏含國香

吐秀喬之林下　盤根眾草之旁

雖無人而見賞　且得地而含芳

民國八十五年秋初　劉先雲寫

時年八十有七

鈐印

大冶

劉先雲印

先雲八十以後作

不比桃花可問津
七〇×四六公分
民國八十五年

款識
不比桃花可問津
湘雲楚雨接芳鄰
幽香獨據無人賞
流水高山自在春
民國八十五年夏
大冶　劉先雲寫於台灣

鈐印
劉先雲印
大冶

春蘭訪舊盟

四六×七〇公分

民國八十六年

款識

早受樵人貢　春蘭訪舊盟

謝庭詩瑞物　楚澤擷芳名

蒼玉裁圭影　紫檀含露英

奚奴培護巧　苔蘚日菁菁

民國八十六年仲夏　大冶　劉先雲寫

時年八十有八

鈐印

劉先雲印

大冶

一縷幽香生硯池

三五×一三六公分
民國八十六年

款識
正是邦家多難時
傷心無地種蘭芝
何期陣雨春風後
一縷幽香生硯池
太希句
民國八十二年春 大冶 劉先雲作

鈐印
大冶
劉先雲印

識曲知音

四七×六九公分

民國八十六年

款識

紫莖綠葉生空谷

識曲知音自古難

丁丑年春　劉先雲寫

鈐印

劉先雲印

大治

湘江春日靜輝輝

六一×六一公分

民國八十六年

款識

湘江春日靜輝輝
蘭雪初消翡翠飛
拂日似鳴蒼玉佩
御風還著六銖衣
夜寒燕姑空多夢
歲晚王孫尚不歸
千載畫圖勞點綴
所思何處寄芳菲
丁丑年夏　劉先雲寫

鈐印

大冶

劉先雲印

同倚春風不自知

四七×六九公分
民國八十六年

款識
偶撿叢蘭畫幾枝
各標神韻肯參差
高花飛舞低花笑
同倚春風不自知
民國八十六年春初　大冶　劉先雲作
時年八十有八

鈐印
劉先雲印
大冶

處為幽谷香

四七×六九公分
民國八十六年

款識
處為幽谷香　出為王者瑞
不同百草萎　秋風紉為佩
民國八十六年仲春
大冶　劉先雲寫於台灣

鈐印
劉先雲印
大冶

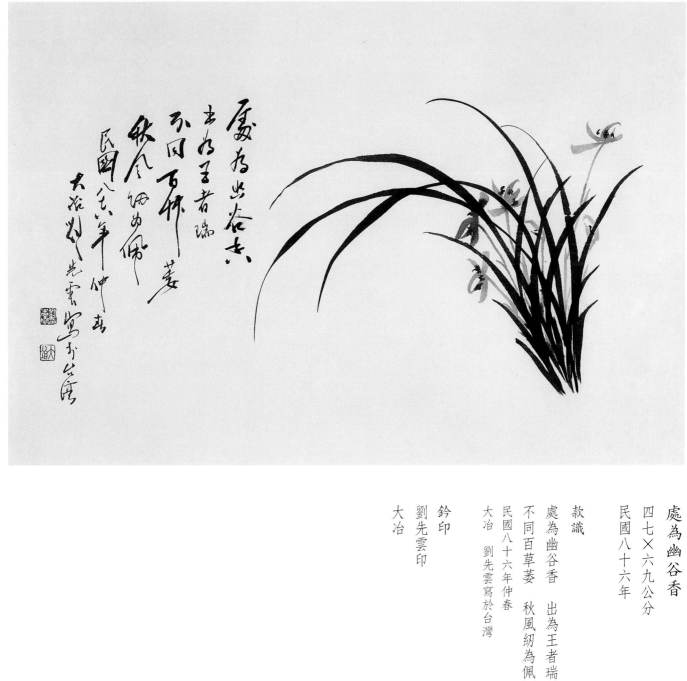

空谷幽姿
六〇×三五公分
民國八十六年

款識
空谷幽姿
丁丑年仲春
大冶　劉先雲寫

鈐印
劉先雲印

九畹光風

三〇×三〇公分

款識

先雲

鈐印

劉先雲印

楚畹春露

三〇×三〇公分

款識 先雲作

鈐印 大冶 劉先雲

迎風帶露
三〇×三〇公分
款識
先雲
鈐印
劉先雲

空谷幽姿
三〇×三〇公分

款識
先雲作

鈐印
大冶
劉先雲印

芳郁絕塵
三〇×三〇公分

款識
先雲作

鈐印
大冶
劉先雲

不可一日無此君
七〇×三五公分
民國七十八年

款識
不可一日無此君
己巳年冬 先雲

鈐印
大冶
劉先雲印

瘦影碎秋月

七〇×三五公分

民國七十八年

款識

生涯何所有　滿砌植琳琅

瘦影碎秋月　健梢橫曉霜

且從喧鳥雀　終待集鳳凰

吟遶都忘卻　誰知此興長

己巳年冬　大冶　劉先雲寫

鈐印

大冶

劉先雲印

風搖青玉枝

七〇×三五公分

民國七十八年

款識

露滌鉛粉節 風搖青玉枝

依依似君子 無地不相宜

己巳年冬

先雲寫

鈐印

大冶

劉先雲印

翰墨緣

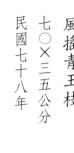

江南四月雨晴時蘭吐幽香竹弄姿蝴蝶不來黃鳥睡小窗風捲落花絲
庚午夏 先雲寫

蘭吐幽香竹弄姿

七〇×三五公分

民國七十九年

款識

江南四月雨晴時

蘭吐幽香竹弄姿

蝴蝶不來黃鳥睡

小窗風捲落花絲

庚午夏　先雲寫

鈐印

劉先雲印

蘭竹已成行 山中意味長 堅貞還自抱 何事鬥群芳
庚午冬劉先雲寫

蘭竹成行

七〇×三五公分

民國七十九年

款識

蘭竹已成行 山中意味長

堅貞還自抱 何事鬥群芳

庚午冬

劉先雲寫

鈐印

大冶

劉先雲印

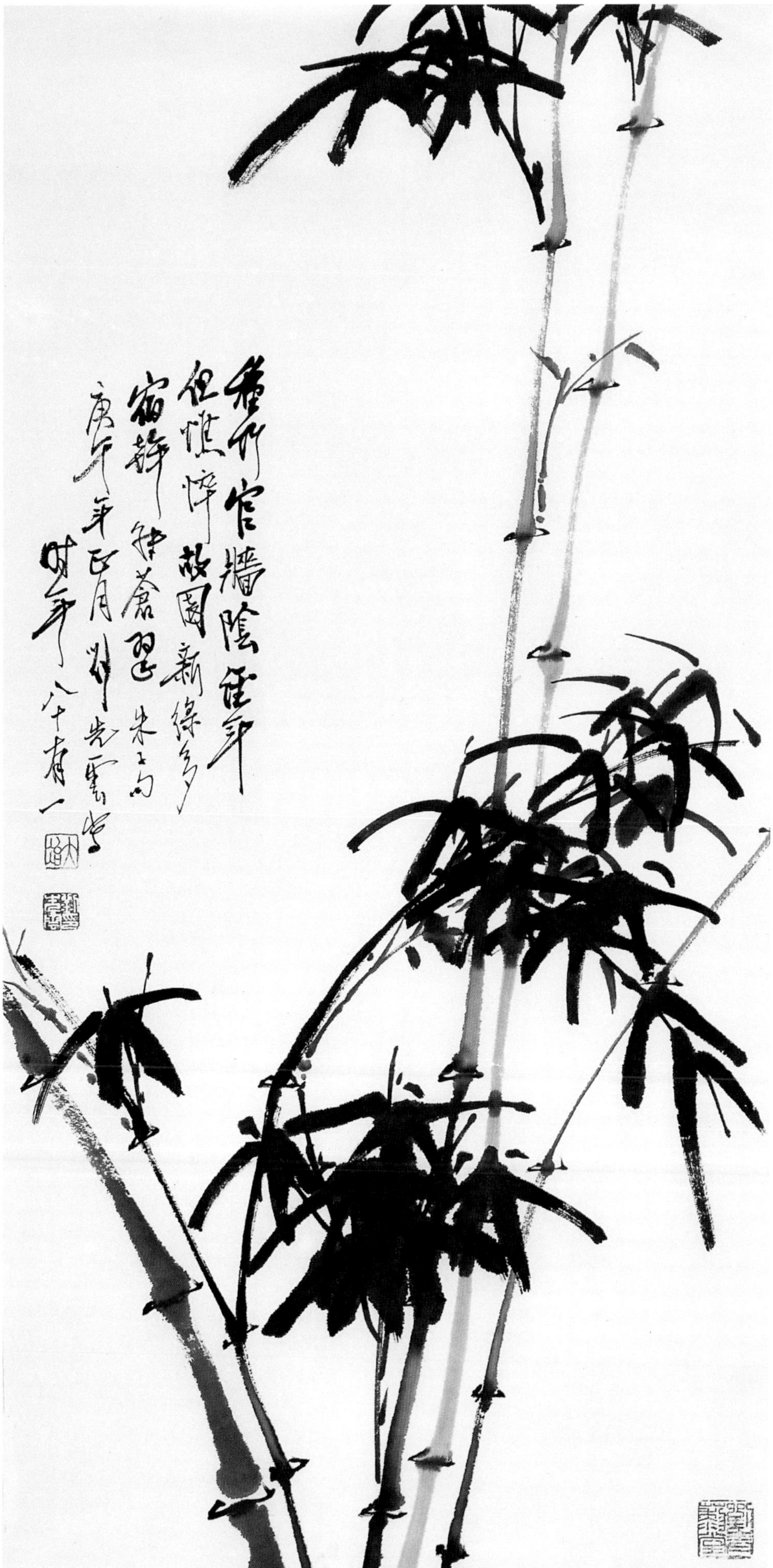

故園新綠多

七〇×三五公分

民國七十九年

款識

種竹官牆陰 終年但憔悴

故園新綠多 宿幹轉蒼翠

朱子句

庚午年正月

劉先雲寫 時年八十有一

鈐印

大冶

劉先雲印

劉青藜堂

筆趣盎然

七〇×三五公分
民國七十九年

款識

曾記友人云　寫竹無定法
亦無定形　此幅信筆寫來
不覺筆趣盎然　快哉　快哉
民國七十九年元月
大冶　劉先雲寫　時年八十

鈐印

大冶
劉先雲印

青青玉萬竿

六一×六一公分

民國七十九年

款識

門對南鄰竹
青青玉萬竿
雖然無地種
且得(報平安)隔籬看
露葉晴猶濕 風枝夏亦寒
但教休剪伐 日日報平安
二行多報平安三字
民國七十九年盛夏
大冶 劉先雲寫於台灣
時年八十有一

鈐印
大冶
劉先雲印

玉幹百餘莖

七〇×三五公分
民國八十年

款識
玉幹百餘莖　生君此堂側
拂簾寒雨響　擁砌深谿色
何事鳳凰雛　茲焉理歸翼
唐人句
民國八十年春初
大冶　劉先雲寫　時年八十有二

鈐印
大冶
劉先雲印

莫鋤荊棘

三五×六七公分

民國八十年

款識

莫漫鋤荊棘　由他與竹高

西銘原有説　萬物總同胞

辛未秋

大冶　劉先雲撫板橋作

鈐印

大冶

劉先雲印

翰墨緣

千山萬竹

六一×四〇 公分

民國八十年

款識

窈窕復蒙龍 千山萬竹中

幽人獨驚起 秋雨共秋風

甲戌年風雨之夜

大冶 劉先雲作

鈐印

大冶

劉先雲印

枝拂雲煙長

民國八十年

六一×六一公分

款識

一逕入深林　數里來上方
叢生巖磴密　枝拂雲煙長
華旗出林際　芝蓋停三陽
颯颯吹霜風　碧葉紛翱翔
山齋頗幽寂　萬籟含虛光
觸物感余懷　歌彼淇澳章
民國八十年冬初
大冶山人　劉先雲寫於台灣六逸齋
時年八十有二

鈐印
劉先雲印
大冶

遙想故園君子竹

七〇×三五公分

民國八十一年

款識

遙想故園君子竹

惆悵何年越海歸

民國八十一年仲春有感而作

大冶 劉先雲寫於台灣

時年八十有三

鈐印

劉先雲印

大冶

蘭竹雙清

六一×六一公分

民國八十年

款識

蘭竹雙清

民國八十年夏月

大冶 劉先雲寫

鈐印

大冶

劉先雲印

先雲八十以後作

暗林兩三根
七〇×三五公分
民國八十一年

款識
筍如滕薛爭長　竹似夷齊獨清
只愛錦棚滿地　暗林忽兩三根
宋楊萬里句
民國八十一年夏月
大冶　劉先雲寫　時年八十有三

鈐印
大冶
劉先雲印

高竿密葉

七〇×三五公分

民國八十一年

款識

高竿春風後　密葉曉晴時

俗塵飛不到　惟有筆端知

壬申年春三月

劉先雲寫

鈐印

大冶

劉先雲印

相依

七〇×三五公分

民國八十一年

款識

民國八十一年夏月

大冶 劉先雲寫

鈐印

大冶

劉先雲印

山窗幽竹

六一×三〇公分

民國八十二年

款識

癸酉年夏

先雲寫

鈐印

大冶

劉先雲印

修竹自檀欒
七〇×三五公分
民國八十二年

款識
閑居日清淨 修竹自檀欒
嫩節留餘籜 新叢出舊闌
細枝風響亂 疏影月光寒
樂府裁龍笛 漁家伐釣竿
何如道門裏 青翠拂仙壇
民國八十二年夏
大冶 劉先雲寫

鈐印
大冶
劉先雲印

濃葉垂煙
六一×六一 公分
民國八十二年

款識
濃葉垂煙
癸酉年夏
大冶 劉先雲寫

鈐印
大冶
劉先雲印

獨愛此幽篁

六一×六一公分

民國八十二年

款識

新綠苞初幹　嫩氣筍餘香
含露漸舒葉　抽叢揹自長
清晨止亭下　獨愛此幽篁
民國八十二年夏初
大冶　劉先雲寫
時年八十有四

鈐印

大冶

劉先雲印

此日報平安

七〇×四六公分

民國八十二年

款識

但願家山如舊識

年年此日報平安

民國八十二年夏

大冶 劉先雲作

鈐印

大冶

劉先雲印

有節高堅

七〇×三五公分

民國八十二年

款識

不愁風力猛　獨有節高堅

卓卓凌雲志　阿誰得比肩

癸酉夏　先雲作

鈐印

大冶

劉先雲印

枝枝凌霄

七〇×四五公分

民國八十三年

款識

枝枝覺有凌霄志
樂與遊人夾道看
民國八十三年盛暑
大冶 劉先雲寫於台灣

鈐印

大冶
劉先雲印

窗前蕭竹

七〇×三五公分

民國八十三年

款識

窗前栽有蕭蕭竹

也有風敲碎玉聲

甲戌年盛暑

大冶 劉先雲寫於台灣

時年八十有五

鈐印

大冶

劉先雲印

千枝萬葉

六一×六一公分

民國八十三年

款識

一節復一節　千枝攢萬葉

我自不開花　免撩蜂與蝶

鄭板橋句　民國八十三年季春

大冶　劉先雲寫於台灣

鈐印

大冶

劉先雲印

先雲八十以後作

出土有節
七〇×三五公分
民國八十三年

款識
未出土時先有節
到凌雲處總無心
甲戌年夏
劉先雲寫

鈐印
大冶
劉先雲印

會見拂雲長
三五×七〇公分
民國八十四年

款識
但令無剪伐
會見拂雲長
民國八十四年夏
大冶 劉先雲寫意

鈐印
大冶
劉先雲印

解簳新篁
六一×六一公分
民國八十五年

款識
解簳新篁不自持
嬋娟已有歲寒姿
要看凜凜霜前意
須待秋風粉落時
民國八十五年夏月大冶 劉先雲作
時年八十有七

鈐印
劉先雲印
大冶

蕭蕭引風
四〇×七〇公分
民國八十四年

款識
新篁纔解籜 寒色已青葱
冉冉偏凝粉 蕭蕭漸引風
扶疏多透日 寥落未成叢
惟有團團節 堅貞大小同
民國八十四年夏
大冶 劉先雲寫於台灣
時年八十有六歲

鈐印
大冶
劉先雲印

無限琅玕淡墨中

六一×六一公分

民國八十五年

款識

瀰川急雨暗秋空
無限琅玕淡墨中
劍甲縱縱軍十萬
欲將貔虎戰斜風
民國八十五年夏
大冶　劉先雲寫於台灣
時年八十有七

鈐印

大冶

劉先雲印

斜拂輕煙破曉寒

四五×六八公分
民國八十五年

款識
難能彩筆寫琅玕
斜拂輕煙破曉寒
亮節高風誰不羨
化龍他日上雲端
民國八十五年新春
大冶 劉先雲寫於台灣
時年八十有七

鈐印
大冶
劉先雲印

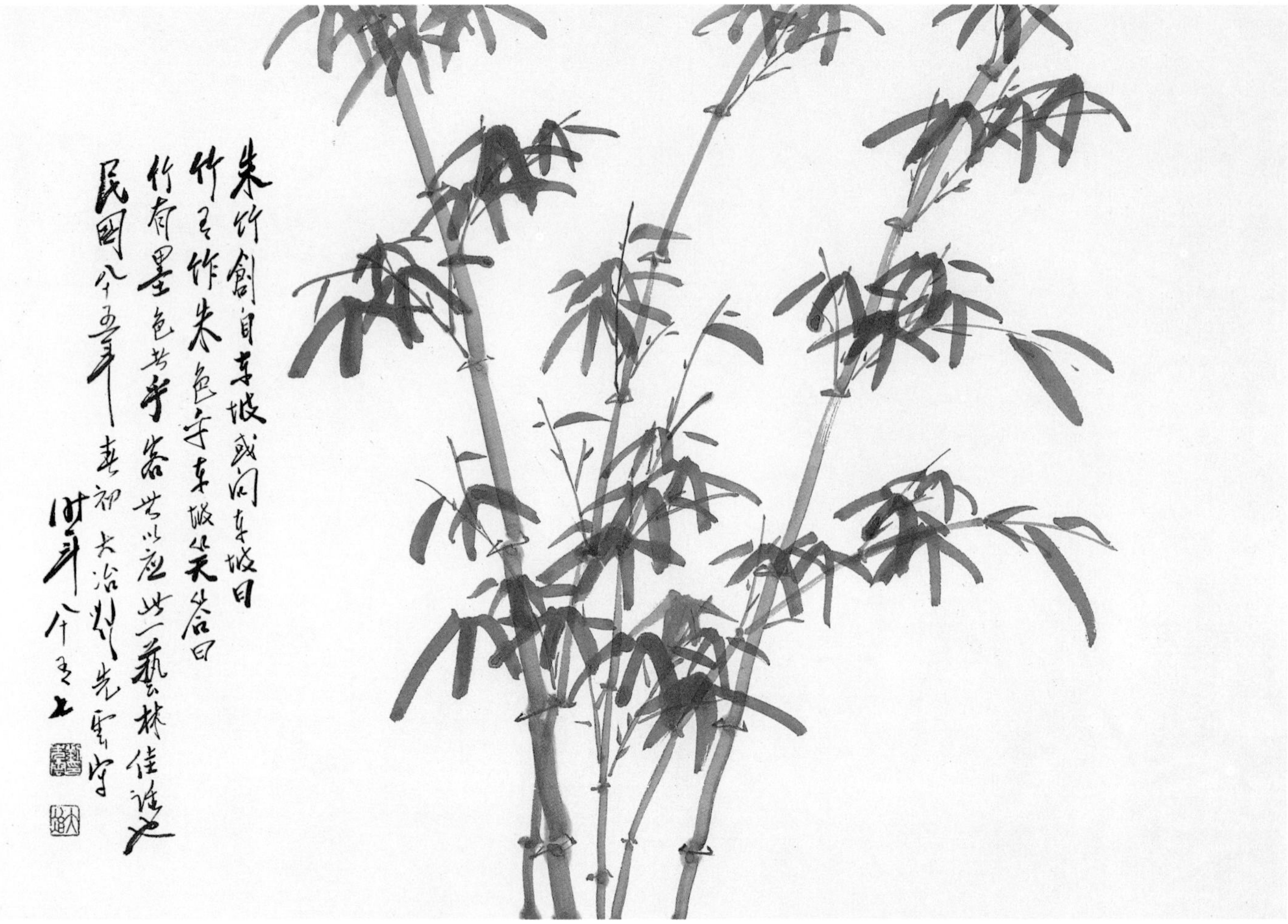

朱竹

四五×六八公分

民國八十五年

款識

朱竹創自東坡　或問東坡曰
竹有作朱色者乎　東坡笑答曰
竹有墨色者乎　客無以應
此一藝林佳話也
民國八十五年春初
大冶　劉先雲寫
時年八十有七

鈐印

劉先雲印
大冶

種竹何須種萬竿

六一×三〇公分

民國八十五年

款識

種竹何須種萬竿
一枝分影亦檀欒
秋霄更受風披拂
聽取清音入夢寒
民國八十五年春
大冶 劉先雲寫

鈐印

大冶
劉先雲印

一庭清影風來遲

民國八十六年

六一×六一公分

款識

森森萬玉翠含滋

渾是瀟瀟雨後時

吹斷玉簫寒月白

一庭清影風來遲

時人句

民國八十六年春

大冶 劉先雲寫

鈐印

大冶

劉先雲印

石堅竹貞
六一×六一公分
民國八十六年

款識
石堅竹貞
民國八十六年夏
大冶 劉先雲作

鈐印
劉先雲印
大冶

輕筠滴露
四六×五二公分
民國八十六年

款識
輕筠滴露
丁丑年仲春　先雲作

鈐印
劉先雲印

一片湘雲濕未乾

四五×六八公分
民國八十六年

款識
一片湘雲濕未乾
春風吹下玉琅玕
強扶殘醉揮吟筆
簾帳蕭蕭翠雨寒
民國八十六年仲夏
大冶　劉先雲寫
時年八十有八

鈐印
大冶
劉先雲印

數竿蒼翠

四五×六八公分
民國八十六年

款識
數竿蒼翠擬龍形
峭拔須教此地生
無限野花開不得
半山寒色與春爭
民國八十六年仲春
大冶 劉先雲寫於台灣
時年八十有八

鈐印
大冶
劉先雲印

直節虛心熟與同

七〇×四六公分

民國八十六年

款識

直節虛心熟與同　世間無處寄高蹤

惟餘一片韓陵石　來伴雙竿引好風

民國八十六年夏初

大冶　劉先雲寫

時年八十有八

鈐印

大冶

劉先雲印

新竹疏疏對瑣闈

四五×六八公分
民國八十六年

款識
禁鐘纔動曉風微
新竹疏疏對瑣闈
不是日高簾不捲
怕教空翠濕朝衣
民國八十六年仲夏
大冶 劉先雲寫
時年八十有八

鈐印
大冶
劉先雲印

書窗風竹

四五 × 六八 公分
民國八十六年

款識
笠澤莊頭道士家
書窗風竹翠交加
新梢便有凌雲勢
高出牆檐掃落花
民國八十六年夏
大冶 劉先雲寫於台灣之六逸齋
時年八十有八歲

鈐印
劉先雲印
大冶

竹籬秋菊兩相依

七〇×三五公分

民國七十九年

款識

竹籬秋菊兩相依

庚午秋 仿孫祿卿筆意

先雲作

鈐印

大冶

劉先雲印

莫將秋色問陶家

七〇×三五公分

民國八十年

款識

莫將秋色問陶家
誰向籬邊種紫霞
豈為今人輕正色
不調湘黛寫黃華
民國八十二年秋
大冶山人 劉先雲寫

鈐印

劉先雲
八十歲後作

東籬忘歸

七〇×三五公分
民國八十年

款識
涼風正蕭瑟　朋好復徘徊
幽興渺不盡　芳樽時一開
餘英蓋紅葉　墜露濕蒼苔
從此東籬下　應忘歸去來
民國八十年秋大冶山人　劉先雲寫
時年八十有二

鈐印
大冶
劉先雲印
先雲八十以後作

黃花應不插朱門
七〇×三五公分
民國八十一年

款識
黃花應不插朱門
自合移根老瓦盆
露委煙斜看不盡
呼兒長夜到芳尊
民國八十一年夏
大冶 劉先雲作

鈐印
大冶
劉先雲印
先雲八十以後作

菊叢
七〇×三五公分
民國八十一年

款識
積雪嚴霜轉眼空 春回無處不春風
欲知造物無窮盡 但看萱根與菊叢
陸放翁句
民國八十一年秋
大冶 劉先雲寫
時年八十有三

鈐印
大冶
劉先雲印

漁燈一點透微紅

四五×七〇公分
民國八十一年

款識
碧波心裏露嬌容
濃色何如淡色工
漫道湖光全冷露
漁燈一點透微紅
民國八十一年秋　劉先雲作

鈐印
大冶
劉先雲印

少女情懷
民國八十一年
三五×四六公分

款識
壬申夏　先雲作

鈐印
劉先雲印

綠雲飄渺動仙裳
四五×七〇公分
民國八十一年

款識
綠雲飄渺動仙裳
紅豔輕勻鬥曉妝
閑向花房摘蓮子
滿衣金粉露華香
民國八十一年冬
大冶 劉先雲作

鈐印
大冶
劉先雲印

一朵白蓮隨意開

六二×四〇公分

民國八十一年

款識

方塘水靜無風動

一朵白蓮隨意開

壬申年秋

劉先雲作

鈐印

大冶

劉先雲印

小姑獨處
三五×四六公分
民國八十一年

款識
小姑獨處
壬申夏　劉先雲寫於台灣

鈐印
劉先雲
游於藝

深秋寒露

三五×四六公分

民國八十一年

款識

深秋寒露降

葉凋更無花

壬申冬　先雲作

鈐印

大冶

劉先雲印

出泥本無垢
七〇×四五公分
民國八十一年

款識
視心如蓮花　淨明涵寸虛
出泥本無垢　露體皆真如
壬申之夏
大冶　劉先雲作

鈐印
大冶
劉先雲印

不寫花容只寫香

七〇×四五公分

民國八十一年

款識

不寫花容只寫香

氤氳墨氣渾浪滄

何須更作胭脂色

惹得人言似六郎

民國八十一年仲秋

大冶山人　劉先雲作於台灣

鈐印

大冶

劉先雲印

凌波吐紅

四五×七〇公分

民國八十一年

款識

秋至皆空落　凌波獨吐紅

託根方得所　未肯即隨風

壬申年夏

大冶　劉先雲作

鈐印

大冶

劉先雲印

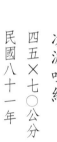

一葉新承露

七〇×四五公分

民國八十一年

款識

一葉新承露 瑞聯噴玉泉

秋香飛月白 夏色鬥春鮮

同氣仍相似 連枝豈偶然

本來生咒鉢 原不染塵緣

民國八十一年仲秋

大治 劉先雲作

鈐印

大治

劉先雲印

紅妝照碧波

七〇×四五公分

民國八十一年

款識

紅妝照碧波
翠葉映晚霞
壬申年秋月
大冶龍角山人
劉先雲寫

鈐印

大冶
劉先雲印

西湖六月時

七〇×四五公分

民國八十一年

款識

華堂展處南薰起

一似西湖六月時

壬申年夏

劉先雲作

鈐印

劉先雲印

數點忽飛荷葉雨
七〇×三六公分
民國八十一年

款識
數點忽飛荷葉雨
暮香分得小江天
壬申年夏
大冶 劉先雲作

鈐印
大冶
劉先雲印

主家池館晚涼多
七一×四六公分
民國八十一年

款識
欲語還停隔扇羅
主家池館晚涼多
紅顏自得南薰意
皓齒偏能子夜歌
民國八十二年秋
大冶　劉先雲作
時年八十有四

鈐印
大冶
劉先雲印

晨光與暮花

四六×三六公分

民國八十一年

款識

晨光與暮花

壬申夏初

劉先雲作

鈐印

劉先雲

八十歲後作

一色藕花三十里
七〇×四五公分
民國八十一年

款識
晚來一棹鑑湖東
隊隊峰巒入短蓬
一色藕花三十里
淡妝濃抹錦雲紅
民國八十一年夏
大冶　劉先雲作

鈐印
大冶
劉先雲印

露房暗香
七一×四五公分
民國八十一年

款識
素豔穠華似門開
露房雙啓暗香來
只疑月下瑤池會
半出紅妝捧玉杯
民國八十一年仲秋
大冶　劉先雲作

鈐印
大冶
劉先雲印

千層翠蓋
七〇×四五公分
民國八十一年

款識
四葉青蘋照綠池
千層翠蓋護紅衣
蜻蜓空裡原無見
只見波間仰面飛
民國八十一年秋
大冶　劉先雲寫

鈐印
大冶
劉先雲印

荷葉羅裙一色裁

七〇×四五公分

民國八十一年

款識

荷葉羅裙一色裁

芙蓉向臉兩邊開

亂入池中看不見

聞歌始覺有人來

壬申秋

大冶山人　劉先雲作

鈐印

大冶

劉先雲印

出污泥而不染
七〇×四五公分
民國八十一年

款識
出污泥而不染
其為君子乎
先雲寫

鈐印
大冶
劉先雲作

餘脂風韻

七〇×四五公分
民國八十一年

款識
餘脂才到手邊香
若水無痕裊裊匡
不識周家茂叔在
肯留風韻待誰將
民國八十一年仲秋
大冶山人　劉先雲作

鈐印
大冶
劉先雲印

蒲塘秋影
四七×三五公分
民國八十一年

款識
壬申之夏
劉先雲作

鈐印
大冶
劉先雲印

夏日荷花別樣紅

四七×三五公分

民國八十一年

款識

夏日荷花別樣紅

壬申夏

先雲作

鈐印

大冶

劉先雲印

碧波清影
四七×三五公分
民國八十一年

款識
壬申年夏
先雲作

鈐印
劉先雲印
大冶

聖艷
四六×七〇公分
民國八十二年

款識
花中君子
癸酉年盛暑
大冶龍角山人
先雲作

鈐印
劉先雲印
大冶

荷花越女兩相鄰
七〇×四五公分
民國八十二年

款識
荷花越女兩相鄰
水墨描鞶別有神
再遇猿公若耶上
不愁輸與門青萍
民國八十二年夏　大冶　劉先雲寫
時年八十有四

鈐印
劉先雲
八十歲後作

生趣盎然
七〇×四六公分
民國八十二年

款識
小姑獨處
民國八十二年夏
大冶　劉先雲作

鈐印
大冶
劉先雲印

君子之交

七〇×四六公分

民國八十二年

款識

癸酉年夏

劉先雲作

鈐印

八十歲後作

君子坦蕩蕩

七〇×四六公分

民國八十二年

款識

癸酉年夏

先雲作

鈐印

劉先雲

八十歲後作

香初過雨

七十×四六公分

民國八十二年

款識

白菡茜香初過雨

紅蜻蜓弱不禁風

癸酉年夏

劉先雲作於台灣

鈐印

八十歲後作

劉先雲

珍圖白蓮

七十×四六公分

民國八十二年

款識

珍圖白蓮何皎然
盈縑風露臨秋鮮
丹青豈同俗匠伍
貞素獨與幽情便
民國八十二年夏
劉先雲作於台灣

鈐印

劉先雲印
大冶

秋聲

四五×七〇公分

民國八十二年

款識

芳菲今日凋零盡

卻送秋聲到客衣

癸酉之秋

大冶　劉先雲作

鈐印

大冶

劉先雲印

藕花多處睡鴛鴦

七〇×四六公分

民國八十二年

款識

長日香風吹不斷

藕花多處睡鴛鴦

丁丑年夏

劉先雲作

鈐印

劉先雲印

大冶

一朵白蓮隨意看

四五×七〇公分

民國八十四年

款識

方塘水靜無風動

一朵白蓮隨意開

民國八十四年盛夏

劉先雲作於台灣

鈐印

大冶

劉先雲印

傲秋

七〇×四六公分

民國八十四年

款識

民國八十四年秋

劉先雲作

鈐印

劉先雲

八十歲後作

水國風露涼

七〇×四五公分

民國八十四年

款識

持衣寄所思 欲寄不得遠

水國風露涼 徘徊久秋晚

民國八十四年秋月

大冶

劉先雲作於台灣

鈐印

大冶

劉先雲印

藕花多處浴鴛鴦
六一×六一公分
民國八十四年

款識
吳王宮殿水流香
步屧廊深暑氣涼
長日香風吹不斷
藕花多處浴鴛鴦
民國八十四年夏
大冶　劉先雲作於台灣
時年八十有六

鈐印
大冶
劉先雲印

俯仰多姿

七〇×四六公分

民國八十四年

款識

南國佳色

民國八十四年夏月

大冶 劉先雲作

鈐印

劉先雲

八十歲後作

兩村姊妹一般嬌

七十×四六公分

民國八十四年

款識

兩村姊妹一般嬌
回首青溪隔小橋
相約採蓮期早至
來遲罰取蕩蘭撓
民國八十四年夏
劉先雲作於台灣

鈐印

劉先雲
八十歲後作

新姿撩人

七十×四六公分

民國八十四年

款識

乙亥年夏

劉先雲作

鈐印

劉先雲印

大冶

花中君子

三八×一三六公分

民國八十四年

款識

花中君子

丙子年夏

大冶 劉先雲寫

時年八十有七

鈐印

大冶

劉先雲印

江南採蓮處

三八×一三六公分
民國八十五年

款識
江南採蓮處　照灼本足觀
況等連枝樹　俱耀紫莖端
同踰並根草　雙異獨鳴鸞
以滋代萱草　必使愁人歡
昭明太子詠同心蓮句
民國八十五年夏
劉先雲寫
時年八十有七

鈐印
大冶
劉先雲印

媚水荷花粉未乾

三八×一三六公分
民國八十五年

款識
雨餘無事倚闌干
媚水荷花粉未乾
十萬瓊珠天不惜
綠盤擎出與人看
民國八十五年夏
劉先雲寫
時年八十有七

鈐印
大冶
劉先雲印

十里荷風

七〇×四五公分

民國八十六年

款識

綠雲一片全遮暑

十里荷風陣陣香

民國八十六年仲夏

大冶劉先雲作

鈐印

劉先雲印

大冶

紅衣脫盡翠翹留

七〇×四五公分

民國八十六年

款識

紅衣脫盡翠翹留
百子深池八月秋
若個挺然蒲柳外
珠囊空映白萍洲
先雲作

鈐印

大冶

劉先雲印

南國佳色
四一×六一公分
民國八十六年

款識
南國佳色
民國八十六年仲夏
劉先雲作

鈐印
劉先雲印

荷塘清趣

四六×六九公分

民國八十六年

款識

丁丑年夏

先雲作

鈐印

劉先雲印

大冶

荷塘雙豔
六八×四六公分

款識
先雲作

鈐印
大治
劉先雲印

伸展自如

三五×四六公分

款識

先雲作

鈐印

劉先雲

引蝶

七〇×四六公分

款識
先雲

鈐印
劉先雲印

夏日何花別樣紅

七十×四六公分

款識

夏日何花別樣紅

壬申夏

先雲作

鈐印

大冶

劉先雲印

新荷放綻

七十×四六公分

款識

先雲

鈐印

劉先雲印

留得殘荷聽雨聲
四七×三五公分

款識
先雲

鈐印
劉先雲印

疑似香妃出水中
四七×三五公分
款識
先雲
鈐印
劉先雲印

風來花自舞
四七×三五公分

款識
先雲作

鈐印
劉先雲

風荷
四七×三五公分
款識
風荷
先雲作
鈐印
大冶
劉先雲印

人品誰與花澹蕩
四七×三五公分

款識
先雲寫生

鈐印
大冶
劉先雲印

濃豔香風

四七×三五公分

款識

先雲作

鈐印

劉先雲印

雨相依

四七×三五公分

款識

先雲作

鈐印

劉先雲

荷之一

四六× 三六公分

民國八十一年

款識

壬申年仲夏

大冶 劉先雲作

鈐印

大冶

劉先雲印

荷之二

四六×三六公分

款識

劉先雲作

鈐印

劉先雲

八十歲後作

荷之三

四六×三六公分

民國八十一年

款識

壬申年仲夏

劉先雲作

鈐印

大冶

劉先雲印

荷之四

四六×三六公分

款識

先雲作於台灣

鈐印

大冶

劉先雲印

荷之五
四六×三六公分
民國八十一年

款識
壬申年夏
劉先雲作

鈐印
大冶
劉先雲印

荷之六

四六×三六公分

民國八十二年

款識

癸酉冬

先雲作

鈐印

大冶

劉先雲印

無腸公子

三五×七〇公分

民國七十八年

款識

斷葦寒潮裏　菰蔣作稻粱

吳江楓落夜　公子已無腸

己巳夏　先雲戲筆

鈐印

大冶

劉先雲印

劉青藜堂

白鷺秋水

七〇×三五公分
民國七十八年

款識
白鷺下秋水 孤飛如墜霜
心閒且未去 獨立沙洲傍
己巳年夏 大冶 劉先雲寫

鈐印
大冶
劉先雲印
劉青黎堂

平川柳色翠依微

七〇×三五公分

民國七十八年

款識

平川柳色翠依微

暖日遊絲掛綠扉

啼鳥不知江國變

多情到處勸人歸

民國七十八年仲夏

大冶 劉先雲作

鈐印

大冶

劉先雲印

劉青黎堂

不亦快哉

七〇×三五公分

民國八十年

款識

大醉後寫此

不亦快哉

己未（為辛未之誤）秋初

先雲

鈐印

大冶

劉先雲印

為愛壺盧手自栽

六八×三五公分

民國八十年

款識

為愛壺盧手自栽　弱條柔蔓自縈回

素花飄後初成實　碧蔭濃時可數枚

試問老禪藤繳去　何如游子杖挑來

早知瓠落終無用　只合江湖養不才

辛未夏　大治　劉先雲寫

鈐印

大治

劉先雲印

深得唱隨之樂也
七〇×四五公分
民國八十二年

款識
深得唱隨之樂也
民國八十二年癸酉春初
劉先雲作

鈐印
劉先雲印

松鶴延年

四〇×六七公分

民國八十六年

款識

煙梢深處穩棲翎
標格孤高迴出群
只恐聽琴驚夢醒
踏翻松頂一巢雲
民國八十六年春
大冶 劉先雲作
時年八十有八

鈐印

大冶
劉先雲印

憶故鄉

四〇×六一公分

民國八十六年

款識

立足台灣 胸懷大陸

民國八十六年春

大冶 劉先雲作 時年八十有八

鈐印

大冶

劉先雲印

跋

先雲先生是我的老長官，民國四十五年他在教育廳長任內，派我擔任臺灣省立臺北成功中學校長，得有機緣，時向請益，民國五十七年臺灣實施九年國民教育，籌備工作，極為艱鉅，先生奉調接任新改院轄的台北市首任教育局長，光祖當時擔任省教育廳主任秘書，公務接觸機會更多，對先生道德文章、領導才能、任勞任怨、負責求全精神，衷心欽佩。

民國七十三年我由行政院人事行政局副局長退休，閒來無事，會集三五至友，以塗鴉自娛，此事為鍾義均兄嫂得悉，傳之於先生，斯時義均兄甫自考選部次長退休，先生亦辭去考試院秘書長轉任總統府國策顧問，空閑時間較多，欣然參與盛會，當時參與者，除先生與義均兄嫂外，尚有臺北商專盧教授邦駒及內子文啓會女士，合為六人，故以六逸齋為名，意寓六位閒逸之士，逍遙而自得，稍後劉敏惠女士，亦時常參與習畫，指導老師是黃光男先生，他是位苦讀成功的藝術家，初中時代受名畫家蔣青融先生賞識，鼓勵與指導，在屏東師範畢業後，到國立藝專進修，以優異的成績畢業，回到母校屏東師專任教，並在高雄師範學院攻讀國文系，當時我正是該院院長，他畢業後國學與繪事根基已固，便到國立師範大學美術研究所進修，獲碩士學位後，參加國家甲等特考。以榜首錄取，被分發擔任台北市立美術館館長，在職期間，續至高雄師範大學國文研究所深造，終獲博士學位，現調任歷史博物館館長，黃老師利用週末指導我們習畫，在我們同窗中，先生年齡最長，而勤學精神為全班之冠，我們每週習作多則三、四張、少則一、二張，而先生恆達一二十張之多，他把公餘之暇，全部投入繪事，每日揮毫數小時，幾至廢寢忘食，尤其台北市大小畫展，先生均前往觀賞，並將喜愛作品攝影留念，先生曾任教育部社教司司長及次長多年，主管全國教育文化藝術活動，平日收藏之畫冊，原已很多，自從學畫以後，坊間夠水準的畫冊，無不收購，其對美術專注之精神，我們望塵莫及，先生對於書道早有研究，書畫本是同源，故繪畫亦進步神速，所寫四君子，以蘭花成就最大，蓋能茹古含今參以己意出之，殊為不易，至於寫梅竹，亦行筆磊落，生意盎然，近年又隨黃如然老師勤寫荷蓮，卓然有成，先生近八十高齡，開始學畫，自成一格，親友之求索者，均樂於奉贈，流傳已在千幅以上。

德配焦韻清夫人出身名門，賢良淑孝、長於刺繡，持家有方、撫字子女、尤有成就，雖未參加我們六逸齋畫會，但不時前來欣賞，並經常賜贈糕點，以助畫興。

己巳秋，欣逢先生暨夫人八秩雙壽暨結褵六十週年紀念，曾在其哲嗣會梁諸昆玉之懇請下，將當年所寫書畫中，抽出若干幅，連同夫人刺繡，外加一部份回憶性之圖影自敘暨各界為其先祖母盧太夫人九十大壽祝壽文字等印製成冊，顏曰「劉青藜堂家慶紀念集」，分贈親友存念。

歲居戊寅，十年中先生畫境愈高，畫藝愈精，非吾輩同窗者可望其項背，今又逢先生暨夫人九十雙壽及結褵七十週年紀念，在同好敦促下，精選其佳作二百幅，續印劉先雲畫集第一冊，期能傳之久遠，並對老年人習畫者有所鼓勵，對年輕人則自不待言。

先生與夫人，年登耋耋，而身體健壯，耳聰目明、齒髮無缺、步履輕快、記憶未衰，尤其難能者，先生永保赤子之心，言行間時露純真之情，老少莫不敬愛，九十歲對先生而言，實在是個小數字，來日方長，相信繪畫藝術一定會日益精進，我們誠摯的祈盼先生百齡高壽時，能出更多畫集，因先生之畫而使我中華文化更增光彩，茲以第一冊畫集出刊，特敘述先生習畫經過，聊表崇敬與祝福之忱。

薛　光　祖　謹記　戊寅年正月

劉先雲簡歷

壹　籍貫、學歷及黨政職務

民國前二年七月，出生於湖北省大冶縣。

民國二十四年七月，畢業於武昌中華大學政經系。

民國五十四年十二月，國防研究院第七期畢業。

民國十九年二月，於湖北武昌加入中國國民黨，歷任湖北省黨部委員兼副書記長，中央委員，中央評議委員。

貳　青年、立法、行政及教育文化

民國二十四年十一月，任委員長宜昌行轅少校科員。

民國二十五年六月，任晉陝綏寧四省剿匪總指揮部少校秘書。

民國二十五年十二月，任武漢警備司令部中校秘書。

民國二十七年七月，任陸軍第九十四軍政治部上校副主任及主任。

民國二十八年十一月，兼任軍委會江防區經濟封鎖團團長。

民國二十九年五月，任長江上游江防司令部政治部同少將主任，兼特別黨部書記長。

民國二十九年十月，任湖北省恩施實驗縣縣長。

民國三十年八月，任第六戰區特別黨部同少將秘書。

民國三十一年七月，任三民主義青年團湖北支團幹事兼書記。

民國三十七年五月，當選第一屆立法委員。

民國三十八年二月，湖北省政府改組，辭立法委員，出任湖北省政府委員兼秘書長。

民國三十九年一月，任革命實踐研究院主任秘書，駐院講座兼教務組長。

民國四十三年六月，任台灣省政府委員兼教育廳廳長，於新竹縣、高雄市試辦免試升學，為我國實施九年國民教育之先河。

民國四十七年一月，任教育部社教司長兼任國立教育資料館館長，成立教育廣播電台及教育電視廣播電台，開始推行空中教育。

民國五十六年七月，任台北院轄市首任教育局長，在台北市實施九年國民教育成功，蒙頒景星勛章。

民國五十八年七月，任教育部常務次長。

民國六十年五月，受命創辦中華電視台，並為首任總經理，創辦空中商專、行專、師專及大學課程，為我國建立空中教育學制之開端。

民國六十五年七月任考試院考選部政務次長。
民國七十年二月，任考試院特任秘書長。
民國七十三年九月自考試院退休後，奉聘為總統府國策顧問，旋即參與六逸齋，以畫會友，指導老師為黃光男先生。
民國七十八年七月，「出版劉青蔡堂家慶紀念集」。
民國八十四年六月，國史館出版「劉先雲先生訪談錄」。
民國八十七年七月，出版「劉先雲畫集」第一冊。

作者夫婦近影

謹 以 此 集

獻 給

父 母 親 在 天 之 靈

國家圖書館出版品預行編目資料

劉先雲畫冊. 第一集／劉先雲作．－－臺初版．
－－臺北市：正中，民87
面；　公分
ISBN 957-09-1180-8(精裝)

1.繪畫 - 中國 - 作品集

945.6　　　　87009120

劉先雲畫冊《第一集》

作　　者：劉先雲
主　　編：國立歷史博物館編輯委員會
美術設計：郭長江
攝　　影：蔡輝璋、杜宗尚
發 行 人：武奎煜
出版發行：正中書局
地　　址：台北市衡陽路20號
電　　話：(02)23822815．23821496
FAX　NO：(02)23822805
郵政劃撥：0009914-5
印　　製：飛燕印刷有限公司
出版日期：西元一九九八(民87)年七月臺初版

新聞局出版事業登記證：
局版臺業字第〇一九九號(9680)
分類號碼：945.00.001(反)(1,000)(18.0)
ISBN 957-09-1180-8(精裝)
定價：一〇〇〇元

海外分局
香港：集成圖書有限公司
地址：香港九龍油麻地北海街七號地下
電話：(852)23886172-3.FAX NO：(852)2388617-4
日本：海風書店
地址：東京都千代田區神戶神保町一丁目五六番地
電話：(03)32914344.FAX NO：(03)32914345
泰國：集成圖書公司
地址：泰國曼谷耀華力路233號
電話：2226573.FAX NO：2235483
美國：華強圖書公司
地址：41-35,Kissen Boulevard,Flushing,N.Y.
11355 U.S.A.
電話：(01)718-7628889.FAX NO：(01)718-7628889
英國：英華圖書公司
地址：14,Gerrard Street,Londn,WIV 7LJ
電話：(0171)4398825.FAX NO：(0171)4391183